Von den Wäldern

Arno Surminski

Von den Wäldern

Roman einer Heimkehr

Ellert & Richter Verlag

Und er sprach: Beschädiget die Erde nicht,
noch das Meer, noch die Bäume.
Offenbarung des Johannes, 7, 3

An der Ems

Als er geboren wurde, wollte der Große Krieg zu Ende gehen. In Aschenfehn hatten sie wenig davon gespürt. Ab und zu war ein Soldat auf Urlaub gekommen und hatte vom fernen Kanonendonner erzählt. Gefallen waren zwei junge Männer, die fern in französischer Erde begraben wurden.

Wie immer gackerten im Sumpf die Moorhühner, die Ems strömte gemächlich nordwärts, begleitet von Fischerkähnen und Segelbooten. Wurde es im Sommer zu heiß, liefen die Kinder zum Baden an den Fluss. Wehte der Wind günstig, hörten sie die Glocken der Kirche von Rhede, in der der Junge auf den Namen Gerd Wolters getauft werden sollte, sobald der Krieg zu Ende war.

Sein Vater, das ahnte beim Taufgottesdienst niemand, überlebte das freudige Ereignis nur kurze Zeit. In den Großen Krieg brauchte er nicht zu ziehen, der Plattfüße wegen, die ihn daran hinderten, so zu marschieren, wie es sich für einen Soldaten des Kaisers gehörte. Er diente als Pferdekutscher, brachte Tag für Tag Milchkannen zur Meierei nach Papenburg, rauchte auf dem Hinweg eine Pfeife und auf dem Rückweg „Piep for Piep“, hörte unterwegs die Vögel singen und sang selber, wenn ihm der Sinn danach stand, Lieder vom alten Fritzen und seinem Husarengeneral. Gern redete er auch mit der Heiligen

Schrift, wo ihm der Sirach-Spruch „Und was ist das Leben, da kein Wein ist?“ der liebste Text war.

Die Mutter kam aus dem Ammerland. Sie hatte eine Stellung auf einem Bauernhof in Aschenfehn angenommen, lernte dort den Pferdekutscher Wolters kennen und heiratete ihn mitten im Großen Krieg. Eines Tages gingen die Pferde durch, Wolters fiel vom Bock und wachte nicht mehr auf.

Wegen des frühen Todes des Vaters bekam der Junge kein Schwesterchen und musste an der Hand der Mutter allein durchs Leben wandern. Sie wohnten in einer Kate, von der die Aschenfehner sagten, sie sei in der Schwedenzeit aus Lehm gebaut worden. Später errichteten sie daneben eine Dorfschule, die dem kleinen Gerd das Einmaleins beibringen sollte.

Auch als Witwe blieb seine Mutter eine lustige Person, die gern Lieder sang und dem Kleinen erzählte, warum die Bienen stechen und die Frösche quaken. Sie kümmerte sich auf den Bauernhöfen um die Wäsche und bekam dafür ein Handgeld, das sie für sich und ihren Jungen zum Leben brauchte.

Von Aschenfehn aus blickten die Leute über flaches Land zum „wilden Moor“. Außer Mooren, Sümpfen und Kuhwiesen gab es wenig Sehenswertes, Wälder suchte man vergeblich. Vereinzelt standen Birken an den Feldwegen und neigten ihre Kronen nach Osten. Ein Birkenwäldchen, das im Frühling hellgrün und im Herbst goldgelb leuchtete, blieb der einzige Baumschmuck des Dorfes.

Mit den Niederländern, die westlich des Emsflusses lebten, fühlten sie sich verbunden, gelegentlich heirateten sie sogar über die Grenze. Von jenseits der Ems kamen die Stürme der Nordsee mit Blitz, Donner und schweren Regengüssen. Sie sorgten dafür, dass es niemals an Wasser mangelte. Gelegentlich brannten Scheunen und Strohberge nieder. Weiteres Unheil kam nicht vor.

Halte dich zu gut, Böses zu tun.
Matthias Claudius, an seinen Sohn

Die neue Zeit

Nach dem Tod des Vaters wohnte der Junge mit der Mutter allein in der Schwedenkate. Bedeutendes ereignete sich nicht. Dass das Geld an Wert verlor, nahmen sie nicht wahr, denn sie besaßen keines. Dass ein gewisser Hindenburg Präsident wurde und so auftrat, wie es einst dem Kaiser zugestanden hatte, erfuhren sie vom Hörensagen. Die Mutter ging als Aufwartefrau und zum Waschen in fremde Häuser. Anfangs nahm sie den kleinen Gerd mit, als er älter war, ließ sie ihn mit anderen Kindern auf dem Platz spielen, auf dem später die Schule errichtet werden sollte. Sie hatte Freude an dem Jungen, der ordentlich wuchs und im Laufen zu den Besten im Dorf gehörte.

Seine Schulzeit begann Gerd in der neu gebauten Schule. Dort saß er bis zum letzten Schuljahr ohne Sitzenbleiben in der ersten Reihe. Der Lehrer, ein alter Mann, der unter dem Kaiser gedient hatte, bemerkte früh die Neigung des Jungen zu den Dingen, die mit Holz zu fertigen waren. Er schnitzte gern kleine Kanonen, baute Bänke, Brücken und Kaninchenställe, befeuerte Mutters Herd mit Holzabfällen und kümmerte sich um den Kachelofen in der Schule. Auf des Lehrers Rat hin schickte die Mutter den Jungen zu einem Tischler in Papenburg in die Lehre.

Mit Arbeiten am Holz, an Tischen, Bänken und Stühlen kommt der Mensch gut durchs Leben, war ihre Meinung, denn solche Gegenstände werden zu allen Zeiten gebraucht.

Sie liebte das Heitere; im Dorf nannte man sie „Mutter Lustig“. Sie war zuversichtlich, dass ihr Junge nach der Lehre bald eine Frau finden würde. Mit der wird es in der alten Schwedenkate wieder heiterer zugehen. Enkelkinder, um die sie sich kümmern wollte, erwartete sie auch.

Ihren Zukunftsplänen kam die neue Zeit in die Quere. Von ihr, die sich von Berlin her über das Land ausbreitete, spürten sie anfangs wenig. Ab und zu erschien ein Mann in brauner Kleidung und erzählte den Aschenfehnern – meist geschah es am Abend im Schulhaus –, wie es mit dem lieben Vaterland weitergehen sollte. Oft endete sein Vortrag mit einem Besäufnis, der einzigen Erinnerung an diese Abende. Mutter Lustig nannte den Redner, den sie einmal hörte, einen Hampelmann. Sie konnte ihn schwer verstehen, weil er ein fremdes Platt sprach, mochte auch die Farbe braun nicht leiden.

Im Sommer des Jahres 36, Gerd Wolters wollte seine Lehre gerade mit guten Noten abschließen, kam die neue Zeit mit Macht in das Dorf. Sie kümmerte sich vor allem um die jungen Männer, denen sie braune Hemden und schwarze Hosen anzog und die Haare kurz schnitt. Mutter Lustig, die das Zeug waschen musste, hatte Mühe, sich an die sonderbare Farbe zu gewöhnen; ihr kam sie immer schmutzig vor.

Die Jugend marschierte, braun ausstaffiert, singend über Wiesen und Felder, schwenkte Fahnen, übte den Gleichschritt und lernte, die Vorbeikommenden mit ausgestrecktem Arm zu grüßen. Auch den Mädchen brachte die neue Zeit eine eigene Tracht. Sie kamen an den Nachmittagen zusammen, um zu häkeln, zu stricken und Lieder zu lernen, die der Bund Deutscher Mädel zu singen vorgab.

Mit der Hitlerjugend unternahm Gerd die erste Reise in die Welt. Sie ging zum Teutoburger Wald in ein Jugendlager, in dem nur Jungen in braunen Hemden herumliefen. Zum ersten Mal sah er Berge und Wälder und erfuhr bei den täglichen Vorträgen, wie ein Vorfahre des Führers in dieser Gegend die Römer verprügelt hatte.

Nicht weit entfernt gab es ein Zeltlager, in dem BDM-Mädchen aus dem Ruhrgebiet ihre Sommerferien verbrachten. Während die Jungs Soldatenlieder schmetterten, sangen die Mädchen Heimatliches. „Kein schöner Land“ und „Am Brunnen vor dem Tore“ hörte man aus der Ferne. Wenn Mädchen und Jungen sich bei ihren Waldspaziergängen begegneten, gab es immer lautes Hallo, viel Lachen und Kichern. Bei einem dieser Spaziergänge traf er Annalena, ein schlankes Mädchen mit blonden Zöpfen und einer Stubsnase, das ihm viel vom Ruhrfluss und rauchenden Schornsteinen in Recklinghausen erzählte. Bald begegneten sie sich auch nach Sonnenuntergang im Wald, um auf die ersten Sterne zu warten. Sie lagen im Gras, das sich weich und warm anfühlte und nach Himbeersaft duftete.

Zum Ende des Sommers schlossen beide Lager, Annalena fuhr zu ihren Eltern in die Bergarbeitersiedlung, Gerd nach Aschenfehn. Ihre Verbindung riss aber nicht ab. Als Annalena schrieb, er solle sie mal besuchen, setzte er sich aufs Fahrrad und strampelte an die zweihundert Kilometer bis nach Recklinghausen. Dort empfing ihn

Annalena mit der Nachricht, er dürfe nicht in der Wohnung ihrer Eltern schlafen – was sollten die Nachbarn denken? Sie brachte ihn zu einer Jugendherberge, die ihn gern aufnahm.

Annalenas Eltern erlaubten es ihrer Tochter, mit Gerd über Land zu radeln. Das taten sie jeden Tag. Sie schliefen viele Nächte in einem Zelt am Ruhrfluss.

Es ist ein großes Ding, immer zu zweien zu sein.
Friedrich Nietzsche

Mutter und Kind

Als sie nach Recklinghausen zurückkehrte, war Annalena schwanger, doch wusste niemand davon, nicht einmal sie selbst. Ihre Mutter erkannte es als Erste und sagte: Das kommt davon! Annalenas Eltern schickten sie mit der Bahn nach Papenburg. Von dort fuhr sie mit dem Bus nach Aschenfehn, um mit dem Urheber der Schwangerschaft die Hochzeit zu besprechen. Sie erschrak beim Anblick des Dorfes, das ihr klein und nichtssagend vorkam; auch die Schwedenkate, in der mehr Düsternis als Licht herrschte, erschien ihr unheimlich.

Was die Hochzeit anging, ergab sich eine Schwierigkeit: Annalena war katholisch, Gerd und seine Mutter rechneten sich zu den Lutherischen, nahmen es aber nicht so wichtig. Sie willigten ein, die Hochzeit katholisch zu feiern in der schwarzen Kirche in Recklinghausen, in der Annalena am Weißen Sonntag vor achtzehn Jahren getauft worden war. Aus Aschenfehn reiste Gerd mit seiner Mutter zur Hochzeitsfeier an die Ruhr, die in der schwarzen Kirche begann und in der Kneipe Koppscheller endete. Von der Schwangerschaft war noch nichts zu sehen, sie kam erst Wochen später ans Tageslicht. Da wusste alle Welt, dass Annalena und Gerd nicht heiraten wollten, sondern heiraten mussten.

Heutzutage passiert alles früher, sagte seine Mutter. Ihr habt noch nichts vom Ernst des Lebens erfahren, und schon müsst ihr heiraten. Sie freute sich aber doch über die Hochzeit, weil Annalena eine fröhliche Person war, die etwas Leben in die dunkle Schwedenkate bringen konnte. Katholisch hin, katholisch her.

Nach der Hochzeitsfeier fuhr Annalena mit Ehemann und Schwiegermutter nach Aschenfehn. Sie fürchtete sich vor dem flachen Moor- und Wiesenland an der holländischen Grenze und wäre lieber mit ihrem Mann und dem zu erwartenden Kind in Recklinghausen geblieben. Da Gerds Mutter in Aschenfehn jedoch ein festes Gebäude mit mehreren Räumen besaß, also gut ausgestattet war, bestand sie darauf, die jungen Leute müssten zu ihr in die Schwedenkate ziehen. Das sei billiger als die Miete in Recklinghausen, auch sei die Luft an der Ems gesünder für das Kind. So geschah es.

Im Sommer kam das Kind auf die Welt, ein Junge, dem sie den Namen Siegfried gaben. Mutter Lustig half der Hebamme und übernahm es, die Wiege zu schaukeln. Wie sie auf den Namen Siegfried gekommen waren, wusste später niemand zu sagen. Der Name passte in die Zeit, wobei nicht klar war, ob der Frieden den Sieg bringen oder durch einen Sieg der Frieden kommen sollte. Im Spätsommer fuhr das junge Paar mit dem Jungen nach Recklinghausen, um ihn dort vorzustellen. Sein Großvater sang ihm das Lied vor: „Jung Siegfried war ein stolzer Knab'“. Viele, die dabeistanden, behaupteten später, ein Lächeln im Gesicht des Jungen gesehen zu haben. Getauft wurde er noch nicht, weil die Aschenfehner und die Recklinghausener sich nicht einigen konnten, ob der Junge katholisch oder lutherisch werden sollte. So zog sich der Taufakt hin, bis ein Krieg dazwischenkam und die Tauferei überflüssig machte.

Die Familie verlebte schöne Tage in Aschenfehn. Gerd arbeitete bei einem Tischler in Papenburg, wohin er täglich mit dem Fahrrad fuhr. Annalena spazierte mit dem Kinderwagen durchs Dorf und gab sich Mühe, den Dialekt zu verstehen, den die Leute sprachen und der ihr arg holländisch vorkam. Sie besuchte den kleinen Birkenwald an der Straße zum Emsfluss, wo sie die Vögel singen hörte, und wäre wohl über die Ems bis Holland gewandert, wenn es eine Brücke gegeben hätte. Allmählich gewöhnte sie sich an die Einsamkeit des flachen Landes, nur der Karneval fehlte ihr.

> Es ist der Fluch der Zeit, dass Tolle Blinde führen.
> *William Shakespeare*

Wieder ein Krieg

Mitten im schönsten Sommer brach ein Krieg aus, wurde ausgebrochen, wie Gerds Mutter sagte, die den Großen Krieg noch in schlechter Erinnerung hatte. Annalenas Vater schrieb, sie solle mit dem Jungen nach Recklinghausen kommen, weil Aschenfehn zu nahe an der Grenze liege. Im Ruhrgebiet sei sie sicherer.

Der verstorbene Mann der Mutter Lustig hatte nie eine Uniform getragen, nicht einmal den Rock der Aschenfehner Feuerwehr. Was sollte nun mit seinem Sohn geschehen? Musste Gerd zu den Soldaten?

In Aschenfehn sahen sie häufiger Flugzeuge von Ost nach West und von West nach Ost fliegen. So viele Flieger hat es im Großen Krieg nicht gegeben, sagte Mutter Lustig, wenn es wieder einmal am Himmel rumorte. Den kleinen Siegfried störte der Kriegslärm überhaupt nicht.

Der Krieg kam schließlich in Gestalt des Briefträgers in ihr Dorf. Der überbrachte Gerd einen grauen Umschlag, in dem sich ein Gestellungsbefehl befand. Es wird nicht lange dauern, sagten alle, denen er den Brief zeigte. Die neue Zeit macht alles schneller, auch die Kriege.

Gerds Mutter dachte an die vier Jahre ihres Krieges und weinte ein wenig. Erst als sie ihren Sohn in schmucker Uniform sah, konnte sie wieder lachen. Die Dörfer im Emsland kamen ihr so still und friedlich vor, in ihnen konnte sich kein Krieg austoben. Er wird still vorüberziehen und sich andere Schlachtfelder suchen, dachte sie. Mutter Lustig spazierte mit ihrem uniformierten Sohn und dem kleinen Siegfried durchs Dorf und zeigte es allen: Seht her, was aus den armen Leuten der Schwedenkate geworden ist!

Als Nachrichten über die ersten Siege eintrafen, an denen Gerd teilgenommen hatte, sprach sie darüber mit den Leuten, die sie im Krämerladen traf. Wäre der Junge auf Urlaub gekommen mit dem Eisernen Kreuz Zweiter Klasse am Hals, das er für einen der Siege verliehen bekommen hatte, hätte sie den Ordensträger im Dorf vorgeführt.

Nahe dem Moor bauten sie ein Lager aus Holzbaracken, in dem an die tausend Gefangene ihre Zeit verbringen und im Moor arbeiten sollten. Woher die Gefangenen kamen und in welcher Sprache sie redeten, erfuhr niemand. Den Kindern wurde befohlen, den dunklen Ort zu meiden. Brannte eine Holzbaracke nieder, was gelegentlich vorkam, rannten die Kinder aber doch zum Moor, um Flammen und Rauch aus der Nähe zu sehen, denn so etwas kam in dem friedlichen Aschenfehn nicht jeden Tag vor.

In den ersten Kriegsjahren fuhr Annalena oft mit ihrem Jungen zu den Eltern nach Recklinghausen, während Gerds Mutter allein in der Schwedenkate Lieder sang und auf die Heimkehr ihres Jungen wartete. Einmal kam er tatsächlich zu einem Kurzurlaub, traf Annalena und Siegfried aber nicht an und musste sich mit dem begnügen, was seine Mutter von dem Jungen erzählte.

Er wächst gut, sagte sie. Eine gewisse Ähnlichkeit mit dem Vater hatte sie auch herausgefunden.

Als es aufhörte mit den Siegen, auch keine Feldpostbriefe mehr aus dem Osten kamen und der Krieg schon länger dauerte als der Große Krieg, wollte Gerds Mutter das Ende nicht mehr erleben. Sie starb an einem Sonntag im Sommer 44, während Annalena mit dem Jungen die Kirche in Rhede besuchte. Gerd konnte aus kriegswichtigen Gründen nicht zur Beerdigung seiner Mutter kommen, er erfuhr nicht einmal von ihrem Tod und hörte sie noch lange in der Schwedenkate singen.

Reisen nach Recklinghausen fanden nur noch selten statt, nachdem die ersten Bombenangriffe das Ruhrgebiet verwüstet hatten. Es hingen auch Plakate an den Bäumen, auf denen privates Herumreisen für unerwünscht erklärt wurde. Die Räder sollten erst für den Krieg, dann für den Sieg, und wenn alles vorbei ist, in die Sommerfrische rollen.

Aschenfehn blieb weiter eine friedliche Gegend, in der der Krieg nur durch hoch fliegende Flugzeuge wahrnehmbar war. Bomben werden hier niemals fallen, schrieb Annalena an ihre Eltern, ein Brief, der in Recklinghausen nicht angekommen ist.

> Wo man Soldaten braucht, da ist auch Krieg, und wo Krieg ist, da muss der Unschuldige sowohl als der Schuldige herhalten.
> *Grimmelshausen: „Simplicissimus"*

Bagration

Im vierten Kriegssommer näherte sich das Unheil den Grenzen, von denen der Krieg ausgegangen war. In Aschenfehn sahen sie Bombengeschwader, die von Holland hereinflogen, um deutsche Städte auszuradieren, wie es zu der Zeit hieß. Das Radio berichtete von Kämpfen in Frankreich und Italien, noch weit entfernt, nicht sichtbar, nicht hörbar, aber doch nahe genug, um nachts schlecht zu schlafen. In Holland, jenseits der Ems, blieb es still, auch in Aschenfehn gab es keinen Krieg.

Wo steckte Gerd Wolters? Sein letzter Feldpostbrief kam aus der Gegend um Witebsk. Es sei alles ruhig, stand auf dem Papier. Als Annalena den Brief öffnete, war es schon nicht mehr ruhig.

An dem Tag, an dem vor drei Jahren die Wehrmacht in Russland eingefallen war, begann die Operation Bagration, die Offensive der Roten Armee im Mittelabschnitt der Front. Gerd Wolters geriet dabei in den Untergang der Heeresgruppe Mitte. Unweit Mogilew umzingelten Rotarmisten seine Kompanie und nahmen bis auf den Kompanieführer, der sich selbst erschoss, alle gefangen. Russische Soldaten, die mit erhobenen Händen in Gefangenschaft marschierten, hatte Gerd oft gesehen, nun erlebte er das gleiche Bild auf der anderen Seite. Einen halben Tag verbrachten sie am Waldrand, bewacht von einem Dutzend Rotarmisten. Was stand ihnen bevor? Erschießen oder Gefangenschaft? Gerd dachte an das Barackenlager im „wilden Moor“ zwischen Aschenfehn und Papenburg, ein angenehmer Ort, um den Rest des Krieges in Gefangenschaft zu verbringen. Annalena und der Junge könnten gelegentlich vorbeischauen und ihm über den Lagerzaun zuwinken. Aber das wilde Moor von Aschenfehn lag unerreichbar auf der anderen Seite des Krieges.

Sie durften im Gras sitzen und an das Ende ihres Krieges denken. Dann tauchten Soldaten mit roten Mützen auf, die sie aufforderten, sich in Reih und Glied zu stellen und ihnen zu folgen. Sie marschierten nach Osten, immer nach Osten, Tag und Nacht. An gewissen Sammelstellen gab es hartes Brot und klares Wasser. Dort trafen sie auch Gefangene anderer Einheiten – bei der Operation Bagration waren Tausende in Gefangenschaft geraten –, die mit ihnen nach Osten zogen und sich mehr und mehr von allem entfernten, das ihnen lieb und teuer war. Aschenfehn und das wilde Moor gingen mit der Sonne im Westen unter.

Mutter Lustig starb an dem Sommertag, an dem Gerd den langen Marsch nach Osten antreten musste. War das Gedankenübertragung? Eigentlich hätte sie noch ein paar Jahre leben können, aber es war eben Krieg, da öffneten sich alle Türen leichter. Was ihrem Sohn zugestoßen war, hat sie nicht mehr erfahren.

Annalena erhielt – der Sommer wollte schon zu Ende gehen – die Nachricht, ihr Mann sei in russische Gefangenschaft geraten. Sie weinte einen Tag lang, sagte aber dem kleinen Siegfried kein Wort von dem, was seinem Vater zugestoßen war. Er spielte gern mit Bleisoldaten und Holzkanonen, den Spaß wollte sie ihm nicht verderben.

Sie blieb mit dem Jungen allein in der Schwedenkate. Von einem Umzug nach Recklinghausen, in die Stadt, die sie immer noch gern hatte, rieten ihre Eltern ab. Auf die Städte im Ruhrgebiet gab es immer wieder Bombenangriffe. In Aschenfehn ist es sicherer, schrieben sie an Annalena.

Im Osten schaffen sie immer wieder Anlässe, um auf die Flucht zu gehen.

Ostwärts

An einem Sammelpunkt traf Gerd einen Unteroffizier, der Albert hieß und aus einer Gegend kam, „in der du Deutschland und Dänemark nicht unterscheiden kannst“, wie er gern sagte. Sie saßen auf sandigem Boden, der angenehm warm war, denn noch war es hoher Sommer.

Wenn der Krieg zu Ende geht, dürfen die Gefangenen nach Hause, erklärte Albert. So ist es in allen Kriegen gewesen, so wird es wieder sein. Verhungern lassen dürfen sie uns auch nicht, das wäre ein Verstoß gegen die Weltkriegsordnung. Also bleibt nur der Marsch nach Hause.

Sie sprachen viel über ihre Heimat, ließen an der dänischen und holländischen Grenze die Sonne Tag und Nacht scheinen und marschierten, wenn es möglich war, nebeneinander, dabei über holländischen Käse auf dänischem Smørre-Brot sprechend.

Doch der Rückmarsch in die Heimat ließ auf sich warten. Sie durchquerten ein Land, das der Krieg verwüstet hatte, trafen zerstörte Dörfer, deren Bewohner ratlos vor den Ruinen standen. Einige hoben drohend die Fäuste. Baut wieder auf, was ihr zerstört habt!, riefen sie. Die Gefangenen verstanden sie nicht, aber jeder konnte sich denken, was gemeint war. Gerd bekam Angst, der Rückmarsch könnte sich so lange hinauszögern, bis alles Zerstörte aufgebaut war.

Als sie in Gegenden kamen, die vom Krieg verschont geblieben waren, erreichten sie einen unzerstörten Eisenbahndamm, auf dem im freien Gelände ein halbes Dutzend überdachter Güterwagen standen. Sie mussten einsteigen, sich auf die nackten Bodenbretter setzen und auf eine Lokomotive warten, die kommen sollte. Sie kam auch, als die Nacht anbrach.

Ein Zittern lief durch die Wagen, als sie ankoppelte. Sie hörten Stimmen und Signale, die Türen wurden verriegelt. Der Zug setzte sich in Bewegung, fuhr jedoch nicht nach Süden, Westen oder Norden, sondern ostwärts. In diesem Land gab es nur eine Richtung: Osten.

Ob wir durch Moskau kommen?, fragte Gerd seinen Nachbarn.

Der spuckte aus. Moskau wollten wir doch erobern, also müssen wir da auch hin, erklärte Albert.

Tatsächlich erreichten sie Moskau an einem frühen Morgen. Alle mussten aussteigen. Es gab einen Topf Suppe aus der Gulaschkanone und Getränke. So gestärkt, traten sie den Marsch durch die Stadt an.

Sie wollen uns vorführen, meinte Albert.

An die fünfzigtausend Mann zogen wie eine graue Herde durch die Straßen, an der Spitze die Offiziere, sogar ein paar Generäle. Die Moskauer feierten den Sieg der Roten Armee in der Bagration-Schlacht. Zu Tausenden standen sie an den Straßen und schauten sich das vorbeiziehende Elend an.

Der Marsch endete dort, wo er begonnen hatte, bei den Güterwagen. Wieder gab es einen Schlag Suppe. Dann einsteigen zur Weiterfahrt. Gerd legte sich auf den Boden des Eisenbahnwaggons, schloss die Augen und hörte die

Moorhühner in Aschenfehn gackern, spürte auch den Wind, der von Holland über die Ems wehte. Er schlief ein mit der Erwartung, der Zug werde nach ihrer Vorführung in Moskau westwärts fahren.

Die Wahrheit schmerzt mehr als die Lüge.

Über die Wolga

Um durch Russland zu fahren, braucht es viel Zeit.

Das sagte einer in ihrem Zug, der schon von Sizilien zum Nordkap gefahren war. Sie fuhren und fuhren, ohne anzukommen. Hielt der Zug auf einem Bahnhof, gab es Wasser und Brot, hielt er im Wald, gab es Büsche am Bahndamm für die Notdurft. Zum Schlafen legten sie sich auf den Boden des Waggons, das Rasseln der Räder sang sie in den Schlaf. Weil es in den Waggons stank, erlaubten die Wachleute, die Tür einen Spalt zu öffnen, um frische Luft zu atmen. Sie fuhren immer noch durch den Sommer.

Wie groß ist dieses Russland? Ein so riesiges Land kann niemals besiegt werden. Die Wehrmacht hatte einen schmalen Streifen im Westen erobert, bevor ihr die Puste ausging. Wer war nur auf die Idee gekommen, in diesen endlosen Wäldern Krieg zu spielen?

Am Tag nach Moskau hatten sie den ersten Todesfall in ihrem Zug. Ein junger Bursche, der nie ein Wort gesprochen hatte, mochte nicht mehr aufstehen, um das ihm zustehende Brot in Empfang zu nehmen. Ein Zettel in seiner Hosentasche verriet den Namen Romeo und den Ort, an dem seine Mutter auf ihn wartete: Gotha. Sie begruben ihn neben dem Bahndamm.

Der braucht jedenfalls nicht weiter nach Osten zu fahren, sagte Albert.

Eines Morgens überquerten sie einen Strom, den ein der Geografie Kundiger Wolga nannte. Sie staunten über die Breite des Flusses. Jemand fragte nach Liedern über den Wolgastrom. „Steht ein Soldat am Wolgastrand" mochte keiner singen. Die da gestanden hatten, waren alle tot. „Hast du dort oben vergessen auch mich?" wäre wohl passend gewesen, aber die klappernden Räder, die über Brücken fuhren, übertönten jeden Gesang.

Ist die Wolga das Ende Europas oder der Anfang Asiens?, fragte einer. Wir sind am größten Strom Europas, der 3500 Kilometer lang ist, wusste ein anderer. Er hoffte, der Zug werde sie nach Nischni Nowgorod bringen, einem riesigen Handelsplatz im Herzen Russlands, den sein Großvater im vorigen Jahrhundert oft besucht hatte, als sie noch Handel trieben und nicht Krieg führten.

Einige wussten noch viel über die Wolga zu erzählen, auch von der deutschstämmigen Zarin, die den Fluss vor zweihundert Jahren bereiste und so davon angetan war, dass sie deutsche Siedler nach Russland rief, um das Land an der Wolga zu besiedeln.

Was ist aus den Siedlern geworden?, fragte einer.

Am 22. Juni 1941 waren sie noch da, behauptete sein Nachbar. Dann ließ Stalin die Deutschen nach Sibirien deportieren.

Bald sind auch wir in Sibirien, behauptete der, der die Wolga als Erster erkannt hatte. Das Wort Sibirien verbreitete Ängste. Niemand hatte etwas Gutes über Sibirien gehört. Gerd stellte sich vor, wenn ein Zug immer nach Osten fährt, musste er irgendwann im Westen ankommen. Erst die Fahrt durch die russischen Wälder, dann die sibirischen Wälder, die kanadischen Wälder und endlich zum Aschenfehner Birkenwald. Jede Reise geht irgendwo zu Ende, du musst nur Geduld haben.

Arg zu schaffen machte ihnen die immer gleiche Zeit. Wo sollte die Fahrt enden, und wann? Zeigte die Dämmerung den Abend an oder den Morgen? Fuhren sie südwärts oder immer noch nach Osten?

Die Natur, die sie begleitete, vermochte sie nicht aufzuheitern. Sie wirkte so erhaben, so groß, und sie blieb stumm.

Die Eichen, Buchen, Birken, Tannen und Linden zeigten Verwandtschaft mit deutschen Wäldern, aber die Gefangenen, die auf nacktem Holz lagen, hatten anderes im Sinn, als Bäume zu zählen.

Wenn der Morgen graute, gab es einen Halt. Das Begleitkommando – die mit dem grünen Kreuz auf der roten Mütze – ging die Wagen ab und fragte nach Leichen. Wenn es sie gab, mussten die Gefangenen sie hinaustragen. Fehlte es an Zeit für eine ordentliche Beerdigung, weil der Lokführer es eilig hatte, legten sie die Toten an den Bahndamm; jemand wird sich schon um sie kümmern. Die meisten Toten trugen keinen Namen. Eine Zahl an der Jacke zeigte an, wer gestorben war. Der Wachsoldat machte auf seiner Liste ein Kreuz hinter der Zahl Nummer 17. Die gab es jetzt nicht mehr.

Nach der Totenarbeit empfingen sie ein Stück Brot, dazu ein Kochgeschirr voller Tee. Die Wachleute erlaubten es, das leere Kochgeschirr mit Wasser zu füllen und in den Wagen zu nehmen für den Durst unterwegs.

Wenn erst Schnee fällt, haben wir zu trinken genug, erklärte Albert, der gern der Zeit vorauseilte und anfing, an den sibirischen Winter zu denken. Aber noch wärmte die Sonne die russischen Wälder. Im Winter sind wir zu Hause, war seine Meinung.

Um die Mittagszeit bekamen sie eine Fischsuppe, zum Abend warf das Begleitkommando einen Sack gekochter Kartoffeln in den Wagen, die sie verteilten. Da die Kartoffeln unterschiedlich groß waren, blieb die Gerechtigkeit oft auf der Strecke. Um die Kartoffeln gab es häufig Streit.

Hatten sie anfangs, um die Zeit totzuschlagen, noch gern von ihren Heldentaten, Abenteuern und Frauen erzählt, verschlug es ihnen nach und nach die Sprache. Auch Singen half nicht mehr. „Es geht alles vorüber, es geht alles vorbei“ war das Letzte, das sie singen konnten. Dann herrschte Stille.

Der Menschen Leichname sollen liegen
wie Garben hinter den Schnittern, die niemand sammelt.
Prophet Jeremias

Unter der Erde

Vor ihnen lag das Uralgebirge, eine ansehnliche Bergkette, deren Schönheit verdüstert wurde von schrecklichen Bildern. Als wäre es eine Grenze zwischen Tag und Nacht, zwischen Gut und Böse. Dahinter lag ein furchterregender Name: Sibirien.

Ihr Zug quälte sich Hügel hinauf und Täler hinab. Die Wälder wurden spärlicher. Nach fünfzehn Tagen Eisenbahnfahrt erreichten sie eine Stadt und durften sich auf einem weiträumigen Bahnhof die Füße vertreten, bevor es weiterging zu einem immer noch nicht bekannten Ziel. Die Bahnhofsküche servierte mit Sirup gesüßten Hirsebrei und nannte das Ganze Kascha. Während sie den Brei löffelten, erfuhren sie den Namen der Stadt: Omsk.

Sie wären gern in der Stadt geblieben, die Türme und Schornsteine besaß und keineswegs einsam aussah, aber schon am Abend mussten sie wieder in die Güterwagen klettern. Dawai, dawai!, riefen die Posten.

Von Wagen zu Wagen verbreitete sich das Gerücht: Wir sind bald am Ziel.

Als der Morgen dämmerte, sahen sie ein Barackenlager in baumloser Landschaft. Dahinter Fördertürme und Berge schwarzer Kohle. Sie fuhren an unbedeckten Güterwagen vorbei, die zur Hälfte mit Kohle beladen waren.

So sehen Kohlengruben in Sibirien aus, bemerkte einer, der schon in Bottrop unter Tage gearbeitet hatte.

Ein Arbeitslager oder ein Gefangenenlager?, fragte Albert.

Da kennen sie keinen Unterschied, antwortete der aus Bottrop. Wer hier arbeitet, ist immer Gefangener.

Weit und breit weder Baum noch Strauch. Holztürme zeigten an, wo Loren und Fahrstühle in die Tiefe gingen. Drei größere Baracken fielen ins Auge, eine für die Kommandantur, eine Lazarettbaracke und eine Wirtschaftsbaracke, in der Geräte herumlagen und Essen ausgeteilt wurde. Weitere Baulichkeiten gab es nicht. Albert, der der Zeit wieder vorauseilte, stellte sich diese Landschaft im Winter vor: Sie leuchtete weiß bis zum Horizont.

Die Gefangenen werden unter der Erde in Kasematten schlafen, die mit Zeltplanen ausgelegt sind, wusste einer, der sich in Sibirien auskannte. Unten ist es wenigstens warm.

Die Kohle lag nicht sehr tief. Um sie aus dem Gestein zu brechen, mussten sie einen Schacht hinabfahren, die Stücke auf Loren laden und ans Tageslicht befördern. Gerd und Albert wurden den Loren zugeteilt, die auf- und abfuhren.

So können wir gelegentlich den blauen Himmel, vielleicht sogar die Sonne sehen, wenn wir die Loren ins Freie schieben, hoffte Albert.

Zwei Tage nach ihrer Ankunft mussten sie sich vor der Kommandantur aufstellen. Der Kommandant hielt eine Rede, die von einem Dolmetscher übersetzt wurde, der lange Zeit Kommunist in Deutschland gewesen war, dann in die Sowjetunion geflüchtet war, wo sie Dolmetscher gut gebrauchen konnten.

Sie sollten sich im Lager einleben und fleißig arbeiten, ließ der Kommandant über den Dolmetscher ausrichten. So werdet ihr die fünfundzwanzig Jahre gut überstehen.

Warum fünfundzwanzig Jahre?, fragte Albert.

Wisst ihr nicht, dass Moskau euch zu fünfundzwanzig Jahren Zwangsarbeit verurteilt hat?

Nein, das wussten sie nicht. Sie erinnerten sich auch keiner Tat, die eine fünfundzwanzigjährige Strafe verdient hätte. Es musste ein Irrtum vorliegen.

Ihr seid verdammte Hitleristen und habt die Sowjetunion überfallen, ereiferte sich der Dolmetscher. Das reicht für fünfundzwanzig Jahre.

Am Abend saßen sie zusammen und sprachen über die lange Zeit. Sie hatten nur ihre Pflicht erfüllt, so nannte man es damals. Und das sollte fünfundzwanzig Jahre kosten?

In jener Nacht starben zwei auf ihrem Kasemattenschlafplatz, obwohl es warm genug war unter der Erde. Es hieß, sie seien am Kohlendunst erstickt.

> Drauf, wackeres Volk! Was kümmern dich die
> Hügel deiner Leichen?
> *Theodor Körner*

Woina kaputt

Der sibirische Winter kam früh genug. Weil es tief in der Erde, wo die meisten arbeiteten, warm blieb, dort auch keine Schneestürme wehten, konnten sie ihn gut ertragen. Nur wenn sie die Loren ans Tageslicht schoben, erblickten sie das endlose Weiß in der sibirischen Landschaft. Wie soll ein Mensch fünfundzwanzig Jahre in dieser Einöde leben?

Was in der Welt geschah, erfuhren sie nicht. Tobte immer noch der Krieg, den die Russen „Woina" nannten? Marschierte die Rote Armee schon durchs Brandenburger Tor? Wer herrschte in Aschenfehn?

Um den trostlosen Zustand der Ahnungslosigkeit zu beenden, musste etwas Großes, Unerwartetes geschehen. Das ereignete sich in den ersten Frühlingstagen. Albert behauptete, seinem inneren Kalender nach sei es schon Mai, aber die Russen feierten im April. Aus einem Lautsprecher dröhnten Lieder, die die Sowjetarmee bei ihren Siegen gesungen hatte. Die Gefangenen mussten vor der Kommandantur Aufstellung nehmen, Böller schossen in den Himmel. Der Kommandant hielt eine Rede, von der niemand ein Wort verstand. Zum Schluss zog er eine Pistole aus der Hosentasche und feuerte in den Himmel.

Chitler kaputt!, riefen die Wachleute.

Wenn es so ist, feiern wir mit, entschied Albert, der fest damit rechnete, noch im Sommer nach Hause zu fahren.

Es kam einer vom Geheimdienst, der die deutsche Sprache beherrschte, und berichtete, wie es in Deutschland aussah: die großen Städte zerstört. Die Menschen irrten durchs Land, suchten Überlebende und eine Unterkunft. Deutschland habe mehr Lager als Russland, und in jedem Lager herrschten Hunger und Seuchen. Es sei besser, in den russischen Wäldern zu arbeiten, als in Deutschland Trümmer zu schaufeln.

Das ist alles Lüge!, behauptete einer der Gefangenen. Deutschland kann gar nicht verlieren. Wir haben die V1 und die V2, bald wird Hitler die V3 einsetzen und damit den Krieg entscheiden.

Was wussten sie in Sibirien von Raketen? Es genügte ihnen ein Schlag Suppe extra. Den bekamen sie an diesem Abend, und danach begannen die fünfundzwanzig Jahre zu laufen wie ein langsam tickendes Uhrwerk. Es tat sich nichts Besonderes mehr, nur dass die Gefangenen häufiger über ihr Zuhause redeten. Wie mag es den Kindern gehen? Steht das Haus noch, in dem sie gelebt haben? Was treibt die Frau? Schläft sie allein oder mit einem anderen?

Ein paar Monate später meldete sich der Krieg erneut. Die Wachleute standen am Lagertor und blickten zum Himmel, als erwarteten sie eine Erscheinung, eine Wolke, ein Riesenflugzeug, was auch immer. Jemand sprach den Namen „Hiroshima“ aus, den niemand kannte. Bald sickerte die Nachricht durch: Der Abwurf einer Riesenbombe auf eine japanische Großstadt habe den Krieg endgültig beendet.

Stell' dir vor, sie wäre auf Berlin gefallen, sagte Albert.

Auf Dörfer wie Aschenfehn fallen keine Riesenbomben, dachte Gerd. Aber wie mochte Annalena das Kriegsende erlebt haben? War sie in Aschenfehn geblieben oder nach Recklinghausen zu den Eltern gefahren? Gehörte Recklinghausen zu den Städten, die der Krieg in Schutt und Asche gelegt hatte?

Nach Hiroshima ging es zügig voran. Eines Morgens hieß es: antreten auf dem Lagerplatz. Ein Wachmann erklärte in deutscher Sprache – er hatte seine Gefangenschaft nahe Magdeburg verbracht –, die gesamte Kleidung sei mitzubringen. Auch die Kranken der Lazarettbaracke, sofern sie gehen konnten, wurden zum Lagertor beordert. Die Gestorbenen, die unter dem Geröll der Mine lagen, blieben, wo sie waren. Für sie würde es irgendwann eine Auferstehung geben.

Die Aufregung galt einem Güterzug, der abseits des Lagers auf sie wartete. Gedeckte Wagen, mit Stroh ausgelegt, standen bereit. Wohin geht die Reise?

Der Wachmann, den sie fragten, zeigte nach Westen. Das verstanden sie als Aufforderung zur Heimreise.

Bevor sie in die Wagen kletterten, gab es Reiseproviant und Getränke aus einem Teekessel. Dann entfernte sich der Zug, sehr langsam und ohne jeden Lärm bewegte er sich an den Hügeln der Toten vorbei, die nicht mitfahren konnten.

Jemand stimmte das Lied „Heimat, deine Sterne" an.

Und wenn die Wälder immer spärlicher werden sollten, möchte es nicht irgendwann einmal an der Zeit sein, die Bibliotheken als Holz, Stroh und Gestrüpp zu behandeln?
Friedrich Nietzsche

Buk und Berjósa

Das Uralgebirge, das ihnen bei der Fahrt in den Osten so bedrohlich vorgekommen war, erschien nun als freundlicher Wegweiser. Dahinter begann Europa, und mittendrin lag Deutschland und ihr Zuhause. Gerd dachte viel an Aschenfehn, an Annalena und den Jungen.

Tatarenland, sagte einer, der sich in Geografie auskannte, als sie durch die Nadelwälder westlich des Urals fuhren. Er erzählte auch von einem Tatareneinfall vor dreihundert Jahren, als wilde Männer auf struppigen Pferden Masuren verwüsteten.

Kommst du aus Masuren?, fragte Albert.

Der andere nickte.

Die Gegend hat viele Kriege und Überfälle erlebt, erklärte Albert.

Im Emsland war es friedlicher, bemerkte Gerd. Von einem Krieg zwischen Holländern und Deutschen habe ich noch nie gehört.

Am Rande der tatarischen Nadelwälder leuchteten Birken, deren Blätter ein helles Gelb angenommen hatten. Sie gaben den Wäldern eine freundliche Färbung. Als sie die baumlose sibirische Ebene verließen und ins Tatarenland hinabfuhren, neigte sich der Sommer dem Ende zu. Vogelschwärme begleiteten ihre Reise, und Albert sprach über den ersten Schnee, der an der dänischen Grenze anders aussieht als in Sibirien. Jeder hatte da eigene Erinnerungen. Gerd dachte an Schneeballschlachten auf dem Schulhof von Aschenfehn und Schlittschuhlaufen auf der Ems. Ob sein Sohn Siegfried auch Schlittschuhlaufen gelernt hatte? Oder war auch dieses Eisen für Kriegszwecke eingezogen worden?

Sie warteten auf den Wolgastrom, den der Zug auf dem Weg nach Hause überqueren musste. Doch bevor sie das Wasser zu Gesicht bekamen, gab es einen Halt mitten in der Waldeinsamkeit. Fern unter Bäumen erblickten sie Holzhütten und einen Bretterzaun, der von Stacheldraht gehalten wurde.

Nichts mit Paschli na domu!, rief einer. Unserem Zuhause sind wir tausend Kilometer näher gekommen, zu sehen gibt es aber nur die heimatlichen Sterne am Nachthimmel.

Die Lokomotive koppelte ab und verschwand hinter den Bäumen.

Es wird nur eine Zwischenstation sein, dachte Gerd. Die Lokomotive wird zurückkehren und weiter nach Westen fahren, immer nach Westen.

Während sie warteten, gingen Wachleute die Wagen ab und malten Zahlen an die Türen. Dann forderten sie die Insassen zum Aussteigen auf. Sie zeigten auf die Holzhütten hinter dem Lagerzaun. Dahin sollten sie gehen.

Wir wollen nach Hause!, rief Albert.

Keiner hörte es.

Sie fanden leere Baracken, in denen Holzfäller gelebt hatten und wieder leben sollten. Das Lager besaß keinen

Namen, sondern nur eine dreistellige Erkennungszahl. Am Tor leuchtete ein roter Stern, geschlagene Bäume türmten sich zu Bergen.

Der Natschalnik, der sie in die Baracken einwies, redete von einem längeren Aufenthalt, bei dem sie sich wohlfühlen sollten. Im russischen Wald gibt es viel Arbeit, sagte er.

Aber es ist doch Frieden, behauptete Albert. Im Frieden dürfen die Kriegsgefangenen nach Hause.

Erst müsst ihr aufbauen, was die Faschisten kaputt gemacht haben, antwortete der Natschalnik. Wer einen Krieg anfängt und ein fremdes Land zerstört, muss es wieder herrichten. Dafür brauchen wir viel Holz aus den Wäldern. Wenn ihr genug Holz geschlagen habt, könnt ihr nach Hause gehen.

Die Region hatte einen unaussprechlichen Namen: Tschuwaschien.

Ob wir von hier Briefe nach Hause schreiben dürfen?, fragte einer.

Und Briefe von zu Hause empfangen, bemerkte Albert. Die Tataren schickten immer Postreiter nach Berlin. So wird es wieder sein.

Von einer Kohlenmine in ein Holzfällerlager. Sollten sie das eine Beförderung nennen? Beide Orte hatten jedenfalls mit Holz zu tun.

Immerhin, wir kommen ans Tageslicht, meinte Albert. Bei Sonnenschein sieht die Welt besser aus und erlöst uns von den finsteren Gedanken.

Anders als bei der sibirischen Mine gab es im neuen Lager Bäume, so weit das Auge reichte. Buk hieß die Buche, Berjósa die große Birke, die das Lagertor bewachte.

Gerd hatte sich bisher mit Bäumen wenig abgegeben, aber hier umstanden Hunderte wie Wachleute das Lager. Er wanderte den Lagerzaun ab und sprach mit ihnen. Sie schienen ihn zu kennen, sie taten vertraut, als hätten sie auf ihn gewartet, neigten ihm ihre Äste zu und warfen bunte Blätter vor seine Füße. Er fand braune Eicheln, die er essen konnte, wenn der Hunger gar zu groß werden sollte. Was wird mit den Fichten geschehen? Sie waren zu groß, um als Weihnachtsbäume in die Stuben zu gelangen. Man stelle sich diese Überraschung vor: Zum Weihnachtsfest mit einem Tannenbaum aus Russland zu Hause ankommen! Annalena und der Junge schmücken den Baum, der Heimkehrer singt „O du fröhliche".

Zur Arbeit wurden sie in Gruppen eingeteilt. Die einen zogen mit Axt und Handsäge aus, um Bäume zu fällen. Eine zweite Gruppe entfernte die Äste und schnitt die Stämme in drei Meter lange Stücke. Andere schleiften das Holz zu Loren, die auf schmalen Schienen durch den Wald zu einem Gewässer führten. Zu dieser Gruppe gehörten Gerd und Albert. Sie rollten die Stämme ins Wasser, banden sie zu Flößen und ließen sie flussabwärts treiben zu einem Sägewerk, das nicht sichtbar, aber hörbar war. Dort schnitten Sägen die Stämme in handliche Stücke, die von einer Rampe in Waggons gehoben wurden. Dann ging es per Güterzug nach Westen, immer nach Westen.

Vielleicht schaffen sie das Holz nach Deutschland zum Wiederaufbau der zerstörten Städte, wagte Gerd zu denken. Wäre das nicht ein großartiger Ausgang? Im russischen Waldlager schlagen deutsche Gefangene Holz für den Wiederaufbau Deutschlands!

Die westliche Himmelsrichtung, in die die Holzzüge fuhren, verführte einen Gefangenen dazu, sich unter die Stämme in einen Güterwagen zu legen, um mit dem Holz nach Hause zu fahren. Vier Tage blieb er verschwunden, dann brachte ein leerer Zug die Leiche zurück ins Lager. Es hatte Nachtfrost gegeben. Das genügte, um zwischen den Holzstämmen zu sterben. Alle Lagerinsassen mussten sich den Toten anschauen. Gerd und Albert blieb es überlassen, ihm auf einem Erdhügel ein Grab zu schaufeln.

Abgesehen von dieser traurigen Begebenheit fand Gerd seine Arbeit erträglich. Er war viel unterwegs, wanderte zwischen Bäumen, roch den Duft des Holzes, hörte die Vögel singen und die Zweige rauschen. Auch lernte er die Namen der Tiere in der fremden Sprache. „Sójka" nannten die Russen den Eichelhäher und „Gálka" die Dohle. Ein Geschenk für den Magen waren die Beeren, die im Wald reiften und die Lippen blau färbten. Nachts heulten Wölfe.

Die Schweigenden werden niemals für dumm gehalten.

Fünfundzwanzig Jahre

Wie lange müssen wir in den Wäldern hausen?, fragten sie morgens und abends. Sie fragten es, wenn Schnee den Boden bedeckte, wenn Regengüsse vom Himmel stürzten und der Wind an den Bäumen riss. Wie lange noch? Sechs Jahre hatten sie schon in der Waldeinsamkeit Tschuwaschiens zugebracht, hatten Bäume gezählt und Holz geschlagen. Und niemals eine Frau zu Gesicht bekommen. Sollten sie Bäume umarmen und die Rinde küssen?

Dem einen entfernten sich die vertrauten Namen, dem anderen kamen sie näher. Einige wussten nicht mehr, wann sie auf die Welt gekommen waren und wie die Straße hieß, in der sie gelebt hatten. Andere träumten jede Nacht von zu Hause, hörten die Kirchenglocken läuten und sahen die Frau vor dem Spiegel das Haar kämmen. Sie zählten die Schritte von ihrer Wohnung zum Krämerladen und hörten die Kinder auf der Straße spielen.

Gerd sah Annalena mit gelöstem Haar im Schlafzimmer, eine ferne Erinnerung. Den Jungen verlor er ganz aus dem Blick. Er kannte ihn nur als kleines Kind. Wie er als Schuljunge ausgesehen hatte, wusste er nicht. Vertrauter war ihm das Bild seiner Mutter, die er im Lehnstuhl sitzen sah. Ob sie noch lebte?

Jemand – später stellte sich heraus, dass er Musiklehrer in einer kleinen Stadt gewesen war – kam auf die Idee,

Lieder gegen ihre Waldeinsamkeit zu singen. Zwei Dutzend Männer, die einst im Schulchor oder Kirchenchor gesungen hatten, versammelten sich nach dem Essensempfang vor der Baracke und sangen Heimatlieder, „Wenn ich den Wandrer frage“, „Im Krug zum grünen Kranze“. In der Kommandanturbaracke öffneten sie die Fenster und wunderten sich über die singenden Deutschen.

Singen könnt ihr ja, sagte der Natschalnik. Wir Russen sind auch gute Sänger. Warum mussten zwei sangesfreudige Völker so kriegerisch übereinander herfallen? Ach, wenn ich den Wandrer frage.

Vor dem Einschlafen saßen sie oft zusammen und sprachen über zu Hause. Sie sahen die Sonne im Westen untergehen, vermochten aber nicht, ihr zu folgen. Von Aschenfehn aus gesehen ging die Sonne weit im Westen unter. Holland hielten alle für ein liebenswertes Land. Viele wollten in die bayerischen Berge entlassen werden, aber nicht in die östlichen Provinzen Deutschlands, weil es die nicht mehr gab.

Fünfundzwanzig Jahre lautete das hier übliche Zeitmaß, von dem der Natschalnik gesprochen hatte. Russland braucht euch, hatte er gesagt. Mit dem Holz, das ihr schlagt, wird aufgebaut, was ihr im Krieg kaputt gemacht habt.

Wie seid ihr auf die Zahl fünfundzwanzig gekommen?

Für jeden Rotarmisten, den die Deutschen im Krieg getötet haben, müsst ihr ein Jahr arbeiten, erklärte der Natschalnik lachend.

Einige mochten das Ende der Bestrafung nicht abwarten und verkürzten die Zeitspanne, indem sie früher starben, ließen sich von Bäumen erschlagen oder fanden keine Kraft gegen ansteckende Krankheiten, die das Lager heimsuchten. Für sie kamen andere. Ach, Russland hatte viele Lager und viele Menschen, die es verdienten, in Lagern zu leben und zu arbeiten.

Leerte sich ein Lager, schickten sie neue Gefangene in die Baracken, nicht nur Deutsche, auch Balten, Ukrainer und Rumänen wurden ihre Nachbarn. Die riesigen Wälder brauchten viele arbeitende Hände, die angrenzenden Länder gaben sie her.

Gerd wollte sich, da er nahe dem Emsfluss zu Hause war, als Holländer ausgeben und hoffte, mit dieser Nationalität die fünfundzwanzig Jahre zu verkürzen. Ein paar holländische Brocken konnte er hersagen. Albert versuchte das Gleiche mit Dänisch.

Der Natschalnik, dem sie ihre Sprachen vortrugen, schüttelte den Kopf. Nationalität spielt keine Rolle, entschied er. Es kommen alle ins Lager, die für Hitler gekämpft haben.

Während Gerd blaue Beeren sammelte, fand Albert eine andere Beschäftigung. Er bastelte aus Weidenruten eine Angel, versah den Haken mit Regenwürmern und hoffte, Riesenfische an Land zu ziehen und am offenen Feuer zu braten.

Meine Fische schmecken besser als deine Waldbeeren, sagte er zu Gerd. Fische kannst du auch im Winter fangen, dann schmecken sie besonders gut.

Wenn sie mit ihren Holzloren zum Wasser kamen, warf Albert die Angel aus und beschwerte den Stock mit einem Stein. Bei der letzten Lore vor Feierabend sah er nach, ob Fische gebissen hatten. Einmal fing er drei Karpfen, die er mit einem Stein totschlug, in einen Sack steckte und ins Lager schaffte. Er machte sich schon Gedanken, wie er drei Fische unter dreißig Barackeninsassen verteilen sollte, als der Natschalnik erschien und die Fische beschlagnahmte. Sie seien Volkseigentum und nicht für deutsche Gefangene bestimmt, erklärte er. Welch ein glückliches Volk, dem alles gehörte!

Eines Tages werde ich auch die blauen Beeren ans Volk abliefern müssen, dachte Gerd und beschloss, sie beim Sammeln auf der Stelle zu essen und nicht ins Lager mitzunehmen.

Um die Lücken zu füllen, die die Toten hinterließen, schafften sie weitere Gefangene aus der sibirischen Kohlenmine in den Wald. Sogar russische Strafgefangene kamen zu ihnen, bestraft für das, was sie Mütterchen Russland angetan hatten. Meistens handelte es sich um Diebstahl von Brot und Kartoffeln. So bekam Gerd einen Nachbarn, der auf den Namen Sergej hörte.

Warum bist du hier?, fragte er ihn.

Weil ich Ukrainer bin. Die Russen mögen uns nicht. Sie sagen, wir hätten uns in beiden großen Kriegen zu sehr mit den Deutschen eingelassen. Deshalb ist es besser, die Ukrainer zu Zwangsarbeit in den Wald zu schicken, damit sie keine Dummheiten anstellen.

Von Sergej, der die *Prawda* lesen konnte, erfuhren sie, was in der Welt geschah. Der Krieg ist schon lange zu Ende, erklärte er. Euer Deutschland gehört zu Amerika, England und Frankreich, ein Stück der großen Stadt Berlin und Teile Ostdeutschlands sind russisch geworden.

Sergej berichtete von einem neuen Krieg, der weit entfernt in einer Gegend tobte, die den Namen Korea trug. Geht uns aber nichts an, sagte er. Irgendwo ist immer Krieg.

Von Sergej lernte Gerd russische Sprachbrocken. Jeden Tag ein Wort, da käme man in fünfundzwanzig Jahren auf über neuntausend Wörter. So viel hält kein Kopf aus. Er begann mit den Namen der Bäume: Lipa – die Linde, Pichta – die Tanne.

Das sind aber keine Weihnachtsbäume, erklärte Sergej.

Feiern die Russen überhaupt Weihnachten, oder haben sie das Jesuskind zum Volkseigentum gegeben?

Kommunisten brauchen kein Weihnachtsfest, erklärte Sergej. Sie haben ihren Jesus im Kreml. Nur sehr alte Leute zünden noch Weihnachtskerzen an.

Über Tannenbäume und Weihnachtskerzen kam Gerd zu seinem Jungen. Er sah ihn den Weihnachtsbaum in Aschenfehn schmücken und hörte ihn mit seiner Mutter „O du fröhliche“ singen. So geht Weihnachten, Sergej! Nicht einmal die Hitleristen haben Weihnachten abgeschafft.

Dub heißt die Eiche, erklärte Sergej. Die Deutschen lieben diese Bäume, weil sie stark und mächtig sind.

Einige Gefangene wollten die Riesenbirke am Lagertor fällen, weil Birkenholz gut im Ofen brennt. Aber der Natschalnik verbot es ihnen. So blieb die Birke als Wächter am Lagertor und leuchtete durch die Nächte.

Gerd gewöhnte sich an die Bäume. Er fand heraus, dass die meisten weibliche Namen tragen. Bäume konnte man streicheln, mit ihnen sprechen und erhielt sogar Antwort. Sollte er nach Deutschland zurückkehren, wollte er im Wald arbeiten. Da es in der Nähe von Aschenfehn keine großen Wälder gab, musste er in anderen Gegenden suchen. Wie wäre es mit dem Teutoburger Wald? Mit Annalena die Waldwege abwandern wie damals, als sie sich kennengelernt hatten. So sollte es wieder werden.

Seinen Jungen kannte er nur von einem Kinderbild. Mochte der Himmel wissen, wie er jetzt aussah. Marschierte er mit der Hitlerjugend wie sein Vater damals? Warum hatte Annalena kein Mädchen auf die Welt gebracht? Birte wäre ein schöner Name, klang wie Birke. Oder Tanja, die dunkle Tanne. Der Name Siegfried war nicht mehr zu gebrauchen, weil es nichts zu siegen gab. Sie hätten den Jungen Eckhart nennen sollen, hart wie eine Eiche.

Er schrieb Briefe an Annalena. Eine Antwort bekam er nicht, die Briefe kehrten auch nicht zurück; auf die tatarischen Postreiter war kein Verlass mehr. Warum meldete sie sich nicht? War sie mit dem Jungen nach Recklinghausen gezogen und unter der Adresse Aschenfehn nicht mehr zu erreichen?

Die Tataren haben es aufgegeben, mit der Posttasche nach Berlin zu reiten, meinte Albert. Die fahren mit Panzern.

Albert hatte mehr Glück, er bekam eine Postkarte von seiner Frau, die immer noch an der dänischen Grenze lebte. Deine Tochter feiert bald Hochzeit, schrieb sie. Das war eine freundliche Einladung zur Hochzeitsfeier, aber dem Vater kamen die Tränen.

Mein Gott, das Mädchen darf schon heiraten, sagte er. Und ich treibe mich in Russlands Wäldern herum. Enkel und Urenkel werden nichts von mir erfahren. In Russland verschollen, wird es einmal heißen.

Und wie wird die Brautmutter dieses Fest feiern?

So viel Alleinsein hält keine Frau aus, sagte Albert.

Und jedem Anfang wohnt ein Zauber inne.
Hermann Hesse

Im Kreml brennt noch Licht

An einem Frühlingstag, es lag noch Schnee, aber es sangen schon die Vögel und die große Birke am Tor trieb grüne Knospen, an diesem Frühlingstag geschah eine Merkwürdigkeit. Am frühen Morgen begann der Lautsprecher auf dem Dach der Kommandantur zu lärmen. Männerchöre sangen Marschlieder, zwischendurch erklang immer wieder die Internationale. Es folgte keine Ansprache, kein Aufruf, sie hörten nur laute Musik. Die Fahne auf dem Dach der Kommandantur hing auf Halbmast, also ein Trauerfall. Es gab jeden Tag Tote im Lager, aber niemand spielte ihnen Märsche oder setzte deshalb Fahnen auf Halbmast. Es musste etwas Großes geschehen sein. Zur Arbeit brauchten sie nicht auszurücken, der Natschalnik trauerte auch.

Sergej erkundigte sich nach dem Grund der lauten Musik und kam mit der Nachricht in die Baracke: Der Genosse Stalin ist tot. Er sagte das mit einem Augenzwinkern und murmelte etwas von „zu viel Wodka getrunken".

Der Tod bewegte keinen, nur die Wachmänner machten ernste Gesichter.

Ein Stalin mehr, ein Stalin weniger, erklärte Sergej. Er und euer Hitler waren die schlimmsten aller Verbrecher. Als der Hitler starb, sang ihm keiner Lieder, es heulten nur die Stalinorgeln in Berlin. Um Väterchen Stalin trauert ganz Russland.

Die Wachleute kannten sich aus in den Liedern, die der Lautsprecher von sich gab. Sie übersetzten ihnen die Texte, die die Männerchöre sangen: Stalin führte uns zu Glück und Frieden ... Ein Lied über Stalin, dem alle vertrauen ... Im Kreml brennt noch Licht ...

Darüber können wir nur lachen, meinte Albert. Wir haben „Führer befiehl, wir folgen dir" gesungen. Wohin das Folgen geführt hat, kann jeder sehen: in den russischen Wald.

Am Abend des denkwürdigen Tages kam Albert mit folgendem Gedanken in die Baracke: Wenn er tot ist, geht es bald nach Hause. Er hat uns die fünfundzwanzig Jahre gegeben. Nun ist er gestorben, und die anderen, die im Kreml herrschen, werden sagen: Sechs Jahre sind genug für die Deutschen.

Sie warteten Monate um Monate, aber niemand sagte: „Nun ist genug."

Wo aber Gefahr ist, wächst das Rettende auch.
Friedrich Hölderlin

Besuch eines alten Mannes

Ein Sommer ging ins Land, ein neuer Winter bedeckte die Wälder, und wer nicht fünfundzwanzig Jahre warten wollte, schloss die Augen. Wie fern alles schien, so nichtssagend fern. Hin und wieder fiel ein Baum um, nachts heulten Wölfe, ab und zu starben einige in der Krankenbaracke. Mehr Aufregung geschah nicht in ihrem Lager. Sie warteten und warteten.

Bis Sergej die Nachricht in die Baracke brachte: Ihr Deutschen seid Weltmeister im Fußballspielen! So stand es in der *Prawda*, und keiner konnte es glauben. Gab es noch junge Männer in Deutschland, die hinter dem Ball herjagen konnten? Gehörte Siegfried Wolters – er musste bald erwachsen sein – auch zu ihnen? Annalena als Zuschauerin im Fußballstadion, neben ihr ein freier Platz. Für wen? Die Gefangenen im Waldlager konnten es schwer glauben, dass in ihrem verwüsteten Land wieder Lederbälle über den Rasen rollten und Zuschauer jubelten. Immerhin, die Deutschen hatten gesiegt! Endlich einmal gesiegt.

Nach dem Siegestag vergingen wieder Monate, in denen nichts geschah, bis Sergej von einem alten Mann berichtete, der aus Deutschland nach Moskau gekommen sei, um im Kreml über den Frieden zu verhandeln.

Wenn Russen und Deutsche Frieden schließen, kommen die Gefangenen nach Hause, war Sergejs Meinung.

Er selbst rechnete sich nicht zu den Heimkehrern, weil es zwischen Russen und Ukrainern niemals Frieden geben konnte.

Das Gerücht von der baldigen Heimkehr eilte durchs Waldlager und ließ sich durch nichts aufhalten. Weihnachten unter einem deutschen Tannenbaum!, jubelte Albert im späten Sommer, als über Tschuwaschien schwere Regenschauer niedergingen.

Eines Abends schlossen die Wachleute nicht das Tor, weil eine Lokomotive mit einem Dutzend leerer Güterwagen erwartet wurde. Sergej empfing den schnaubenden Koloss. Paschli na domu!, rief er Gerd zu.

Sechshundert Mann! Diese Zahl geisterte von Baracke zu Baracke und löste einige Unruhe aus. In dem Lager lebten über tausend Gefangene, per Eisenbahn sollten sechshundert nach Westen fahren. Wie sollte die Verteilung erfolgen? Jeder wollte dabei sein, sogar Sergej hoffte nun doch, zu den Reisenden zu gehören, obwohl er kein Deutscher war. In diesem Russland geht es sonderbar zu, schimpfte er. Die Faschisten, Hitleristen, Kriegsverbrecher lassen sie nach Hause, ihre Nachbarn aus der Ukraine müssen im Wald bleiben.

Sergej wollte, wenn er mitfahren dürfte, hinter Moskau auf freier Strecke aus dem Zug springen und zu Fuß in seine Ukraine marschieren. Den Weg dorthin kannte er.

Es war eine besondere Nacht. Gerd wusch seinen Körper vom Kopf bis zu den Füßen, wusch den Schmutz ab, der ihm in den Jahren zugeflogen war, weil er sich einbildete, er dürfe nur sauber in Deutschland erscheinen. Danach legte er sich auf die Pritsche, wollte schlafen, musste aber an Aschenfehn denken, an Annalena und den Jungen, der Fußball spielen und sogar siegen konnte.

In jener Nacht sprachen nur die, die fahren sollten. Die anderen lagen schweigend auf der Pritsche und fragten sich, wann sie an die Reihe kämen. Von den fünfundzwanzig Jahren waren erst zehn vergangen.

Bevor Gerd sich am Morgen in die Schlange vor der Essenausgabe stellte, wanderte er den Lagerzaun ab und sprach mit den Bäumen, die ihn in den Jahren der Gefangenschaft begleitet hatten. Die Birken, Fichten und Erlen waren höher und höher gewachsen, die Menschen im Lager kleiner und kleiner geworden. Einmal hatte ein Sturm zahllose Bäume entwurzelt und über den Lagerzaun geworfen. Es gab viel Arbeit mit dem gefallenen Holz, danach wuchsen neue Bäume, die nicht daran dachten, auf Reisen zu gehen. Lebt wohl, ihr Pichta, Lipka und Berjósa!

Nach der Verabschiedung von den Bäumen ging er zum Essenempfang und traf dort Albert, der auch nach Hause fahren wollte. Beide schämten sich vor denen, die noch nicht an der Reihe waren, aber mit ihnen in der Schlange standen und sie sonderbar anschauten.

Von den tausend Gefangenen im Lager passen nur sechshundert in die Wagen, die anderen müssen warten, bis wieder ein Zug kommt, erklärte der Natschalnik den Wartenden. Danach lief er die Wagen ab, malte Zahlen auf das Holz, zählte und zählte, verbesserte die geschriebenen Zahlen, fing wieder von vorne an, bis es stimmte.

Sergej lehnte am Lagerzaun, hob die Hand und lachte. Er wusste schon, dass er nicht dabei sein konnte.

Als Albert erfuhr, dass auch er nicht auf der Liste stand, dachte er, die große Birke werde umfallen und ihn erschlagen. Weinen half nicht, Fluchen auch nicht. Also sagte er und quälte sich ein Lachen ab: Mich brauchen sie noch. Er redete vom nächsten Zug, der irgendwann fahren sollte, und drückte Gerd einen Zettel in die Hand.

Wenn du in Deutschland bist, ruf bei ihr an und sag' Bescheid: Euer Albert kommt bald.

Die Lagersirene gab Laut, die Wachleute öffneten die Güterwagen und befahlen das Antreten der Gefangenen in Dreierreihen. In jeden Wagen durften so viele einsteigen, wie die Zahl auf dem Holz anzeigte. Als die Wagen voll waren, klapperte eine Karre die Lagerstraße entlang, beladen mit schwarzen Brotlaiben. In jeden Wagen warfen sie so viele Brote, wie die Personenzahl an der Tür anzeigte. Eine andere Karre brachte Milchkannen voller Wasser, für jeden Wagen eine Kanne.

Als die Lokomotive ankoppelte, kreischte das Eisen, ein Zittern lief durchs Holz. Das Schnauben und Rasseln erschreckte die in den Wagen Sitzenden mehr als die Draußenstehenden, die ihnen nachschauten.

Es müsste nun die Sonne aufgehen, aber die hohen Fichten standen jedem Licht im Weg. Die Riesenbirke schwebte langsam davon. In Erinnerung blieb das weiche und harte Holz, in dem sie gearbeitet hatten. Mit Axt und Säge war Gerd ausgezogen, um die noch blutenden Stämme auf Loren zu laden und zum Wasser zu schaffen. Im Winter hatten sie am Lagerfeuer gesessen, im Sommer waren sie von Mücken und Fliegen überfallen worden. Ja, er kannte sich aus im Holz. Außer Kriegspielen und Holzschlagen hatte er nichts anderes gelernt. Aber nun sollte etwas Neues beginnen.

Wie lange fährt man von Russland nach Deutschland?

Einige gaben der Eisenbahn zwei Tage, andere zwei Wochen. Wie auch immer, Hauptsache, es ging nach Hause. Und Weihnachten feiern wir unter einem deutschen Tannenbaum.

Der Zug passierte die Gräber derer, die in ihrem Waldlager an Hunger, Krankheit oder Heimweh gestorben waren, sehr langsam fuhr er daran vorbei. Sie sahen keine Einzelgräber, auch keine Grabsteine oder Kreuze mit Namen, sondern nur Erdhügel, in denen sich jeder Knochengerüste vorstellen konnte. Während der Vorbeifahrt verstummten die Gespräche.

Sergej stand am Lagertor und blickte dem Zug nach. Schade, die Ukraine hatte keinen alten Mann, der nach Moskau reisen und Frieden schließen konnte. Die Ukraine hatte schon lange Frieden.

Religionen sind wie Leuchttürme, sie bedürfen der Dunkelheit, um zu leuchten.
Arthur Schopenhauer

Heimat, deine Sterne

Im Zug herrschte eine sonderbare Stille. Jeder dachte schweigend vor sich hin, dachte an das, was ihn erwartete, fragte sich auch, ob es ein Zuhause überhaupt noch gab. Außerdem quälte jeden der Gedanke, es ginge gar nicht nach Deutschland, sondern in ein anderes Lager, um weiterzuarbeiten und zu arbeiten, bis die fünfundzwanzig Jahre erfüllt waren. Die Fahrt von der sibirischen Kohlenmine Richtung Westen hatte damals in einem Waldlager geendet. So könnte es wieder geschehen.

Wir fahren zum Don!, rief einer, der gehört hatte, dass es im Donezbecken Kohle gab. Statt paschli na domu schicken sie uns wieder unter die Erde. Einer fragte den Begleitsoldaten nach dem Ziel ihrer Reise. Der lachte und winkte ab. Das Donezbecken haben wir schon hinter uns, sagte er. Ihr fahrt nach Deutschland.

Gerd dachte oft an Albert, der ihm bei der Einteilung am Lagertor verlorengegangen war. Wie wird seine Frau reagieren, wenn er sie anruft und sagt: Dein Albert muss noch warten? Das war das Wort der Zeit: warten.

Er freundete sich mit einem jungen Mann an, der neben ihm am Boden kauerte und durch die Bretterritzen blickte, um die vorbeischwebenden Bäume zu zählen. Er hieß Willi und kam aus Montabaur. Der Name klang gut. Nach Montabaur wollte er zurückkehren, befürchtete aber, die Stadt sei bei Kriegsende verwüstet worden. So oder so, Willi fuhr nach Montabaur.

Von den Wäldern hatte er genug erlebt. Er wollte endlich wieder Städte sehen, egal ob heil oder in Trümmern. Und du kannst mitkommen, sagte er zu Gerd.

Jemand stellte die Frage, ob sie bei der Rückfahrt durch Moskau kämen.

Nur das nicht, dachte Gerd.

Nach der Bagrationschlacht haben sie uns als Verlierer in Moskau durch die Straßen getrieben, erklärte Willi. Jetzt schämen sie sich, die Gefangenen zehn Jahre in ihren Wäldern eingesperrt zu haben. Wo habt ihr euch so lange herumgetrieben?, werden die Leute auf der Straße fragen. Darum werden wir still an Moskau vorbeifahren, damit uns keiner sieht.

Nicht Moskau, sondern Berlin war ihr Ziel. Da wollte Willi aussteigen, durchs Brandenburger Tor marschieren, den Führer besuchen und anschließend mit der Bimmelbahn nach Montabaur fahren.

Der, den du besuchen willst, ist nicht mehr da!, rief einer vom anderen Ende des Wagens. Die anderen lachten.

Warte ab, antwortete Willi. In Nürnberg ist immer noch Reichsparteitag. Irgendwann taucht er wieder auf.

Mit Bildern von Montabaur, Berlin und dem Reichsparteitagsgelände vertrieb Willi sich die Zeit, während draußen weiße Birkenstämme vorüberflogen und bunte Blätter durch die Dachluke in den Wagen flatterten. Wenn der Rauch der Lokomotive das Innere ihres Wagens verpestete, sang Willi: „Wir lagen vor Madagaskar, und hatten die Pest an Bord."

Einer widersprach dem Lied, das alle kannten: Wir liegen nicht vor Madagaskar, sondern vor Moskau. Und Pest haben wir genug gehabt. Bloß raus aus diesem Russland, bevor der erste Schnee fällt.

Sie fuhren über Flüsse, die sie vor Jahren in östlicher Richtung überquert hatten. Nur nicht abstürzen, dachten sie, wenn die Lokomotive die Brücke hinaufkroch und auf der anderen Seite, immer schneller werdend, abwärts eilte. Wir wollen per Eisenbahn nach Hause fahren und nicht in Flüssen schwimmen.

Als Wildgänse singend den Zug überquerten, fiel Willi nicht das bekannte Soldatenlied aus dem ersten Großen Krieg ein, sondern eine Portion Gänsebraten. Wie lange haben wir keinen Gänsebraten gegessen?

Es ging langsam voran. Wenn die Lokomotive Wasser oder Kohle aufnehmen musste, dauerte es Stunden. In der Wartezeit spazierten sie neben dem Bahndamm. Sie hätten fliehen können, aber wer flieht in einen Wald, wenn der Zug nach Hause fährt?

Wir werden noch Eis auf den Flüssen erleben, sagte einer. Aber Weihnachten wollten sie zu Hause feiern.

Der Hinweis auf Weihnachten brachte einen dazu, von seinem Panzer zu erzählen, mit dem er über den zugefrorenen Donfluss gefahren war. Er nannte es eine Heldentat kurz vor Weihnachten.

Da siegten wir noch!, rief ein anderer. Wir Panzerfahrer waren Helden, heute gelten wir als traurige Versager.

Hielt der Zug auf freier Strecke, galt das als Aufforderung, in den Wald zu laufen und die Notdurft zu verrichten. Hielt er an kleinen Bahnhöfen, deren Namen niemand kannte, gab es kalte Suppe und hartes Brot.

Deutschland kapuut, sagte der Soldat, der mit der Schöpfkelle im Suppenkübel rührte. Warum wollt ihr in ein kaputtes Land fahren?

Russland ist auch kaputt, meinte Willi. Das verstand der mit der Schöpfkelle nicht, er lachte nur. Aber die Wälder sind heil geblieben, dachte Gerd. Sie sind das Größte, das Russland zu bieten hat.

Ob sie Deutschland wiedererkennen würden? Jeder hatte andere Bilder im Kopf von dem Land, in das sie fuhren. Kirchtürme und Schlösser tauchten in ihrer Vorstellung auf. An hohen Masten flatterten Hakenkreuzfahnen. Feldgraue und braune Uniformen beherrschten die Straßen, Volksempfänger verbreiteten laute Musik. Trümmer sahen sie keine.

Einer, der im vorletzten Kriegsjahr in der Stadt Hamburg auf Urlaub gewesen war, erzählte von endlosen Schutthalden. Ein anderer, der in Köln zu Hause war, wusste Ähnliches von seiner Stadt zu berichten. Sie nannten es damals Terrorangriff.

Ja, die Steine sind wieder geschichtet, aber in den Köpfen rumort es immer noch, sagte einer, und niemand verstand, was er meinte.

Da sie sich langweilten, kam die Frage auf, ob es in Russland auch Frauenlager gibt und was geschieht, wenn Frauen und Männer gemeinsam in ein Lager gesperrt werden. Das kriegen die alles fertig!, rief Willi.

Die Vorstellung, in einem Frauenlager Halt zu machen und mit einer Frau – warum nicht mit mehreren? – durch den russischen Wald zu spazieren, war ein angenehmer Zeitvertreib. Es spielte keine Rolle, ob die Frau deutsch, russisch oder chinesisch sprach und was sie verbrochen hatte. Nur Frau musste sie sein. Willi hätte es angenehm gefunden, wenn ein paar Güterwagen voller Frauen mit auf die Reise gekommen wären. In Russland war ihnen die Sexualität verloren gegangen, viele fürchteten sich davor.

Ein Sänger, von dem sie sagten, er sei aus der Oper entlaufen, um den Krieg zu besingen, stimmte am Abend den Gefangenenchor aus Nabucco an: „Teure Heimat, nach der wir uns sehnen.“ Chorgesang war das nicht, sondern ein Einzelstück, aber in Gedanken sangen alle mit.

Danach versuchte er es mit dem Volkslied: „Wenn ich den Wandrer frage, wo gehst du hin? Nach Hause, nach Hause.“ Weiter kam er nicht, weil Tränen seine Stimme erstickten.

Wie kann ein Opernsänger in so einen Krieg geraten, um in russischen Wäldern Arien zu singen, dachten die anderen. Der verdammte Krieg hat alles möglich gemacht, schimpfte Willi.

Die meisten Lieder, die sie kannten, waren verbraucht, um nicht zu sagen verdorben. „Wir werden weiter marschieren“ ging nicht, weil schon alles in Scherben lag. Blieb noch die „Pest an Bord“. Auch die Russen hatten die Pest an Bord gehabt und Massengräber hinter Stacheldrahtzäunen angehäuft. Also lassen wir das.

Als das Morgenlicht durch die Ritzen des fahrenden Zuges schimmerte, stimmte einer das Lied an: „Kehr’ ich einst zur Heimat wieder, früh am Morgen, wenn die Sonn’ aufgeht.“ In dem Lied passte alles: Früh am Morgen ..., Sonnenaufgang ..., Fahrt in die Heimat ... Was willst du noch mehr?

So ging es weiter. Sie besangen Lindenbäume. In „Kein schöner Land“ kommt die Zeile vor „Wo wir uns finden, wohl unter Linden“. Ein Lindenbaum wäre ein guter Treffpunkt mit Annalena. Auch „Am Brunnen vor dem Tore“ besang einen Lindenbaum und wartete auf Liebespaare, die zu ihm kommen sollten. Bäume und Lieder haben vieles gemeinsam.

In Aschenfehn gibt es keine Linden, dachte Gerd. Ein paar Eichen am Dorfplatz und Birken an den Feldwegen, mehr wuchs dort nicht. Wäre Siegfried ein Mädchen gewesen, hätte es den Namen Linda erhalten. So war es mit Annalena abgesprochen gewesen, aber es blieb nur ein Siegfried.

Ihr solltet auch Beerdigungslieder singen, wir fahren nämlich zu einem Friedhof, sagte einer, der hinten im Wagen kauerte. Danach herrschte Stille, nur die Räder klapperten auf dem Eisen.

Je weiter sie nach Westen kamen, desto öfter sprachen sie über lachende Kinder, die im Sand spielten, Bälle warfen und über Seile hüpften. Obwohl es längst Herbst war, blühten ihnen immer noch die Rosen. Sie hörten Blaskapellen und Männergesangvereine, nahmen an Umzügen teil, Willi aus Montabaur schwärmte vom Karneval, der bald nach seiner Heimkehr beginnen sollte. Dazwischen tauchten immer wieder Fragen auf: Ist das Elternhaus heil geblieben? Leben Nachbarn und Freunde noch? Und fahren wir wirklich nach Hause oder in eine russische Kohlengrube?

Wer Briefe aus Deutschland erhalten hatte, las sie wieder und wieder, wenige Zeilen nur, aber wenigstens ein Lebenszeichen: Mir geht es gut, Klaus lässt schön grüßen. Komm bald nach Hause! Solche Worte beherrschten die Texte.

Gerd Wolters gehörte nicht zu denen, die von der russischen Post mit einem Brief bedacht worden waren. Elf Jahre Russland ohne Nachricht von zu Hause. Wer hält das aus? Er hatte oft an Annalena geschrieben, aber nie erfahren, ob die Briefe angekommen waren. Auch aus Recklinghausen kam keine Antwort. Der kleine Siegfried war zu jung, um Briefe an den Vater in Russland zu schreiben. Aber warum schwieg Annalena?

Die Hälfte der Gefangenen war verheiratet. Über ihre Ehefrauen sprachen sie kein Wort. Ob sie noch lebten? Ob sie auf ihre Männer warteten? Wo tanzten sie ins neue Jahr?

Wenn ihnen nichts anderes einfiel, fing Willi wieder vom Karneval an. Deutschland hat zu viele Frauen, stellte er fest. Die Männer sind gefallen, die Frauen haben überlebt. Da kommen wir gerade recht.

Wer weiß, vielleicht haben sich die Frauen scheiden lassen, bemerkte einer, der nur selten sprach. Wenn der Mann nicht heimkehrt, ist das ein Scheidungsgrund. Das hatte ihm einer erzählt, der von seiner Frau wegen zu langer Abwesenheit für tot erklärt worden war. Nach der Todeserklärung wurde sie eine Witwe und konnte wieder heiraten.

In den Papieren leben wir gar nicht mehr!, rief Willi.

Wenn es so ist, glaub ich nicht an das deutsche Recht, wusste ein anderer. Die Ehemänner in den Krieg schicken, jahrelang in Gefangenschaft lassen, aber ihre Frauen halten es nicht aus. Sie bekommen das Recht, den Mann für tot zu erklären, um wieder heiraten zu können. So entsteht im Namen des Rechts größtes Unrecht.

Nicht auszudenken, wenn alle, die in diesem verdammten Krieg spurlos verschwunden sind, für tot erklärt werden, schimpfte Willi und verkündete – da fuhr der Zug noch durch die Wälder um Moskau –, er werde als Erstes ein deutsches Bordell aufsuchen.

Hast du Geld, um die Frau zu bezahlen?, fragte Gerd, der sich wunderte, dass es in einer Stadt mit dem schönen Namen Montabaur ein Bordell geben sollte.

Ja, Rubelchen, antwortete Willi.

Darüber lachte der ganze Wagen, aber Willi behauptete, Rubelchen seien wertvoller als Reichsmarkscheine.

Sie wussten nicht, ob ihre Frauen sie wiedererkennen würden. Alt, grauhaarig, Zahnlücken im Mund, so werden die Männer vor der Haustür stehen. Was will der fremde Kerl bei uns?, fragen die Kinder, wenn der Heimkehrer an die Tür klopft.

Es gab auch die Angst, den Frauen nicht mehr gewachsen zu sein. Die hatten elf Jahre Arbeit und Haushalt allein bewältigt, die Kinder allein erzogen und verlernt, sich unterzuordnen. Auch die Kinder werden ihre Väter nicht wiedererkennen. Also lassen wir das.

In Deutschland werden sie uns nicht mit offenen Armen empfangen, erklärte der Opernsänger. Wir kommen als Verlierer, und sie werden uns alle Schweinereien aufhalsen, die in Russland passiert sind.

Auf einem Verschiebebahnhof mit vielen Gleisen und Güterwagen durften sie aussteigen und sich eine Stunde lang in die Sonne setzen. Dort sahen sie endlich auch Frauen. Eine Kolonne arbeitete mit Spaten und Schaufel am Bahndamm, schob Karren voller Steine rauf und runter.

Im Kommunismus sind die Frauen gleichberechtigt, sagte der, der viel vom Recht verstand. Jede Frau muss die gleiche schwere Arbeit verrichten wie ein Mann.

Die Frauen, die sie am Bahndamm sahen, legten ihre Schaufeln nieder und winkten ihnen zu. Einige lachten.

Vielleicht sollten wir doch lieber in Russland bleiben, schlug Willi vor, als er die winkenden Frauen lange genug angeschaut hatte.

Wenn ihr den Krieg nicht tötet, wird er euch töten.
Victor Margueritte

Moskau ohne Schnee

Dem großen Eisenbahnknotenpunkt näherten sie sich in der Nacht, ihr Zug fuhr nicht in die Stadt, sondern in weitem Bogen nördlich herum.

Sie wollen ihren Leuten den Anblick ersparen, meinte Willi.

Hier sind wir auch gewesen, erzählte einer, der zu der Panzerspitze gehört hatte, die im Dezember 41 vor Moskau Halt machen musste. Wir sahen die Türme der Stadt, dann kam der Schneesturm und nahm uns die Sicht.

Schneestürme im Dezember, daran hätten die Herren Generäle vorher denken müssen, rief eine Stimme aus der Dunkelheit.

Den ganzen Krieg hätten sie vorher bedenken müssen, bemerkte ein anderer.

Krieg ist immer ein Fehler, wusste ein Dritter.

Darauf meldete sich einer aus dem Hintergrund, der das Wort „Fehler“ nicht so stehen lassen wollte. Ohne den Schneesturm wäre die Schlacht um Moskau gut ausgegangen, sagte die Stimme.

Das Wetter spielt auch Krieg, wusste der Mann von der Panzerspitze.

Wenn die Russen hören, wie ihr von ihrem Krieg redet, schicken sie uns zurück nach Sibirien, fiel Willi dazu ein. Für sie war dieser Krieg ein Heldenstück zum ewigen Gedächtnis. Das lassen sie sich nicht kleinreden.

Der Opernsänger stimmte das Lied an: „Es steht ein Soldat am Wolgastrand.“

Weiter kam er nicht. Wir haben genug vom Wolgastrand!, rief es aus der Dunkelheit.

Die meisten Heimkehrer hatten von Kriegen und Siegen die Schnauze voll und sagten es auch bei jeder Gelegenheit. Nur wenige glaubten noch an den Führer, der alles richtig gemacht hatte.

Sie bekamen Moskau nicht zu Gesicht. Das war gut so, denn die Riesenstadt hätte sie nur aufgewühlt und schreckliche Erinnerungen geweckt. Nie mehr nach Moskau!

Als der Tag anbrach, hatten sie die Stadt hinter sich. Es lichteten sich die Wälder. Neben Fichten und Kiefern fielen Laubbäume mit bunten Blättern auf, unter ihnen Linden, die mütterlichsten Bäume aus weichem Holz, die im Sommer schützend ihre Zweige ausbreiten. Bäume können nicht fortlaufen, sich nicht ducken vor Sturm oder Feuer. Sie stehen unerschütterlich auf ihrem Platz, was auch kommen mag.

Gerd warf einen Blick in die Küche von Aschenfehn. Was wird Annalena ihm kochen zu seiner Heimkehr? Neben ihr im Schaukelstuhl sah er seine Mutter, wenn sie noch lebte. Sie hatte die meiste Zeit ihres Lebens in der Küche zugebracht und beim Rühren der Suppe das Zufriedenheitslied gesungen: „Was frag’ ich viel nach Geld und Gut, wenn ich zufrieden bin.“ So sollte es wieder sein.

Sie kamen an Orten vorbei, die ihnen auf dem Vormarsch begegnet waren. Smolensk zum Beispiel. Gab es da nicht eine Kesselschlacht mit so vielen Gefangenen, dass Deutschland nicht genug Wälder besaß, um alle zu beschäftigen? Und wie ging es in den Prypjatsümpfen zu? Eine ziemlich unwirtliche Gegend, nicht geeignet für Panzerschlachten. Um nach Moskau zu gelangen, mussten sie die Sümpfe umfahren. Hat unnötig viel Zeit gekostet.

Wo bist du in Gefangenschaft geraten?, fragte Gerd seinen Nachbarn Willi.

Im schönen Königsberg, antwortete der und versuchte zu lachen.

Also Königsberger Marzipan?

Das war gerade ausverkauft, antwortete Willi. Wir erlebten die Stadt noch vor den Bombenangriffen im August 44 und blieben bis zur Belagerung und dem Sturm im April 45.

So trostlos wie Königsberg sollen alle deutschen Städte aussehen, mischte sich ein anderer ein.

Trostlos oder nicht, Hauptsache es geht zur Heimat, sagte Gerd. Mein Zuhause ist keine Stadt, sondern ein Dorf an der holländischen Grenze. Dörfer wurden nicht bombardiert.

In Russland haben auch Dörfer gebrannt, erklärte Willi.

Gerd dachte an Aschenfehn oder an Recklinghausen, wo Annalena mit dem Jungen jetzt lebte. Ihm fiel auch der Teutoburger Wald ein, wo er Annalena kennengelernt hatte. Je mehr er darüber nachdachte, desto sicherer war er, dass Heimat nichts mit Mauern und Dächern zu tun hatte, sondern nur mit vertrauten Menschen.

In den Prypjatsümpfen erlebten sie den ersten Nachtfrost des Herbstes. Die vielen Menschen im Waggon gaben genug Wärme her, um die Kälte nicht zu spüren, aber an den Türschlössern hingen Eiszapfen und die Landschaft bekam einen weißen Schleier.

Ein älterer Mann, der bisher nie ein Wort gesagt hatte, sprach feierlich die Verse:

Und handeln sollst du so, als hinge
Von dir und deinem Tun allein
das Schicksal ab der deutschen Dinge
Und die Verantwortung wär' dein.

Wie können so gescheite Leute in den Krieg ziehen?, wunderte sich Willi. Verantwortung für das Schicksal der deutschen Dinge kam ihm etwas hochgestochen vor. Da wäre ihm ein Liter Buttermilch lieber.

Wie wird es erreicht, dass eine große Menge Dinge tut, zu denen der Einzelne sich nie verstehen würde?
Friedrich Nietzsche

Schatten der Vergangenheit

Ihr Zug hielt auf freier Strecke, die Türen blieben verriegelt. Aussteigen verboten, sagten die Wachleute. Was hatten sie vor? War der Lokführer eingeschlafen oder blockierten die Räder?

Sie standen in einer kargen Gegend mit Buschwerk und kümmerlichen Birken. Hier ein Hügel, da ein Hügel. Weit und breit kein Anwesen. Kein Ortsschild zeigte an, in welche Wildnis sie geraten waren.

Einer von ihnen, der die russische Sprache so weit beherrschte, dass er Namen kyrillisch buchstabieren konnte, wollte das Wort „Mogilew" als letzte Station erkannt haben.

Gerd hatte diesen Namen längst vergessen, nun tauchte er wieder auf. Er sah den Leutnant vor sich, der befahl, fünfzig Mann sollten sich auf den Weg Richtung Mogilew machen. Dort gebe es einen Hang, an dem tausend Zivilgefangene, die meisten Juden, mit Hacke und Spaten arbeiteten. Die Aufgabe sollte sein, die Arbeiter zu bewachen, damit sie nicht in die Büsche liefen. Nach Erledigung der Arbeit war ein gutes Essen und sofortige Rückkehr zu ihrer Einheit vorgesehen.

Bestimmt lebte jener Leutnant nicht mehr, der ihnen das gesagt hatte. Gerd hätte ihn gern zur Rede gestellt, weil es die Unwahrheit gewesen war. Auf seinen Befehl hin marschierten sie damals Richtung Mogilew, trafen dort die Arbeiter, die gruben und gruben. Eine drei Meter tiefe Gruft sollte es werden oder ein langer Graben. Was auch immer. Gerd hatte nichts anderes zu tun, als sich mit seinen Kameraden ins Gras zu legen und dem Treiben auf der Schanze zuzuschauen. Einige Soldaten spielten Karten.

Die Arbeit ging zügig voran. Am späten Nachmittag, der Graben schien fertig zu sein, wurde den Arbeitern befohlen, am Hang Aufstellung zu nehmen. Sie standen in langer Reihe, die Schaufeln geschultert und warteten auf das, was kommen sollte. Das waren zwei Lastwagen, die sich den sandigen Hang hinauf mühten, SS-Soldaten sprangen ins Gras und brachten Maschinengewehre in Stellung. Dann begann der Lärm. Die Männer stürzten mit ihren Schaufeln in die Grube, die sie selbst gegraben hatten. Gerd sah es nicht, weil ihm schwarz vor Augen geworden war. Er kam erst zu sich, als die Maschinengewehre schwiegen, sah nur aufgewühlte Erde, aber keinen lebendigen Menschen mehr. Hier und da lag eine Schaufel.

So geht Krieg heute, meinte der Soldat, der neben ihm im Gras lag und das Massaker mit offenen Augen verfolgt hatte. Irgendwann werden wir das bezahlen müssen.

Wir beide haben keine Schuld, sagte Gerd zu ihm. Wir haben nicht geschossen.

Aber wir haben zugesehen, antwortete der andere. Auch wenn du deine Augen geschlossen hattest, du warst dabei. Es trifft uns alle. Wäre der Befehl gekommen, hätten auch wir geschossen.

In der Dunkelheit hatte Gerd den Soldaten aus den Augen verloren, auch den Leutnant, mit dem sie nach Mogilew marschiert waren. Aber beide standen jetzt deutlich vor ihm, dahinter die Arbeiter mit ihren Schaufeln. Es kam ihm so vor, als hätte er an jenem Tag den Glauben an Deutschland verloren.

Hatte der Zug nur gehalten, um ihnen Gelegenheit zu geben, sich jener schrecklichen Tat zu erinnern? Die meisten wussten nichts von dem damaligen Massaker, sondern wunderten sich nur über die Ruhepause.

Nach einer Stunde setzte sich die Bahn in Bewegung, als wäre nichts gewesen. Eigentlich müsste es laute Signale geben, müsste es westlich von Mogilew heller und wärmer werden, aber Gerd spürte nur die Kälte des Abends.

Bald hatten sie den sonderbaren Halt vergessen, was immer er bedeuten mochte. Es kam die Zeit, Angenehmeres zu denken.

Wir fahren in den Sommer, behauptete einer, der im Sommer in den Krieg gezogen und im Sommer in Gefangenschaft geraten war. Alle großen Dinge waren im Sommer geschehen, nun auch die Heimkehr.

Altweibersommer gibt es nur in Deutschland, meinte Willi, der sich mit den Lagerfeuern befasste, die in den russischen Wäldern gebrannt hatten. Wälder sind gut für Lagerfeuer, nicht zum Kriegspielen, war seine Meinung.

Pilze sammeln geht auch, meinte Gerd.

Aber Pilze sind wenig nahrhaft, behauptete Willi.

Von Wäldern haben wir genug gehabt, mischte sich ein Dritter ein. Mir wären Kornfelder lieber.

Dann musst du zu mir ins Emsland kommen, schlug Gerd vor.

Sie fuhren durch die Ukraine. Gerd musste an Sergej denken, dessen fünfundzwanzig Jahre niemals endeten.

An der russisch-polnischen Grenze kamen sie zur europäischen Spur. Auch sonderbar, dass die unterschiedlichen Eisenbahnschienen das wilde Asien vom zivilisierten Europa trennen, behauptete einer.

Na, so zivilisiert ging es in Europa auch nicht zu, antwortete ein anderer.

Während eines zweistündigen Aufenthalts saßen sie am Bahndamm und blickten nach Westen, immer nach Westen.

In Polen ist es wärmer, behauptete Willi. Das macht die Nähe zur Heimat. In Montabaur ist es noch wärmer.

Auf der Weiterfahrt durch Polen fand der Opernsänger seine Stimme wieder. „In der Heimat, in der Heimat, da gibt's ein Wiedersehen", sang er. Das war nichts für die Oper, aber gut für die Heimkehrer.

In einem Ort hörten sie Kirchenglocken läuten. So sind die Polen, wusste einer, der einen polnischen Großvater gehabt hatte. Sie sind katholisch und kommunistisch. Wie das zusammenpasst, weiß nur der liebe Gott.

Es muss ein Feiertag sein, weil die Glocken läuten, behauptete ein anderer.

Wenn wir kommen, ist immer Feiertag, erklärte Willi.

Sie wussten nicht, was in Polen gefeiert wurde und warum die Glocken läuteten. Sie sahen Frauen in langen Kleidern zu einer kleinen Kirche eilen. So etwas kommt nur am Sonntag vor, meinte Willi.

Wann hatten sie zum letzten Mal Glocken läuten hören? Im kommunistischen Russland gab es kein Glockengeläute, und in ihrem Waldlager heulten nur die Wölfe und die Lagersirene.

Bei meinem letzten Heimaturlaub 1944 waren die Glocken unserer Kirche verschwunden, erinnerte sich einer. Sie hatten sie von den Türmen geholt und eingeschmolzen, um daraus Kanonen zu gießen. Ob der liebe Gott verstanden hat, dass Kanonen wichtiger sind als Glocken?

Ein anderer erinnerte sich an die Glocken, die zur Beerdigung seiner Mutter geläutet hatten. Das lag fünfzehn Jahre zurück, war aber immer noch zu hören. Glocken erinnerten auch an die eigene Hochzeit. Die Braut in Weiß, die Bäume voller Blüten, und über dem Paar läuteten Glocken. Es waren die Hochzeitsglocken, die sie zu ihren Frauen zurückbrachten. Ob sie auf die Heimkehrer warteten? Oder hatten sie schon andere Glocken gehört?

Wir müssen in die Kirche gehen, um Gott für unsere Heimkehr zu danken, schlug einer vor, den sie häufig mit gefalteten Händen gesehen hatten. Darüber lachten die anderen. Was gab es da zu danken? Zwölf Jahre lang hat er uns vergessen. Im russischen Waldlager hatte niemand an Gott gedacht und über ihn gesprochen. Er war einfach nicht da.

Das Klappern der Eisenbahnräder übertönte schließlich das Glockenläuten. Trotzdem sprachen sie noch lange über ihre Glocken, ihre Frauen, aber nicht über Gott. Wer diesen Krieg und die lange Gefangenschaft in den Wäldern erlebt hat, musste jeden Glauben verlieren.

Und will eure Städte wüste machen.
3. Buch Moses

Durchs deutsche Herz

Während sie den Sonnenuntergängen entgegenfuhren, ging hinter ihnen irgendwo im Osten die Sonne auf, vielleicht in Tschuwaschien. Sie hofften, im Abendsonnenschein nach Hause zu kommen, eine Vorstellung, die sie in gute Stimmung versetzte.

Sehr lange fuhren sie durch Polen. Städtenamen, die ihnen von früheren Reisen zur Ostfront vertraut waren, tauchten nicht mehr auf. Auch Polen hatte sich verändert.

Als sie sich der Oder näherten, sahen sie immer noch die Abendsonne, aber sie schien auf eine traurige, vom Krieg gezeichnete Stadt. Das sollte Frankfurt sein?

Hier gibt es eine neue Grenze, erklärte einer, der sich auskannte.

Was kümmern uns Grenzen, wir wollen nach Hause!, rief Willi.

Blühende Gärten hatte niemand erwartet, auch mit Fliedersträußen wollte keiner begrüßt werden. Doch ein paar winkende Kinder hätten es schon sein können. Auch die Stimmen eines Sängerchors wären ihnen recht gewesen. Nichts davon gab es, also wurde es ein trauriger Empfang. Das neue Deutschland beachtete seine Heimkehrer nicht. Da kamen Hitlers letzte Kämpfer nach Hause, weiter nichts. Wie Helden, die vom Schlachtfeld heimkehrten, sahen sie nicht aus. In den Mienen der Passanten, denen sie begegneten, fühlten sie ein verächtliches Bedauern. Das sind die Kerle, die bei unseren sowjetischen Freunden gewütet haben, mochte der eine oder andere denken. Es fanden sich sogar Volksgenossen, die vor den Soldaten der deutschen Wehrmacht ausspuckten. Mag sein, dass es auch andere gab, die die Heimkehrer immer noch für Helden hielten und an eine neue Größe glaubten, es nur nicht wagten, diese Ansicht auszusprechen. Das Land, nach dem sie sich gesehnt hatten, war klein geworden und tief gespalten. Im Osten herrschten die Kommunisten und die Liebe zur Sowjetunion, im Westen galt der Kapitalismus.

Essen bekamen sie reichlich. Kartoffeln satt und für jeden zwei Bratwürste, dazu viel Magermilch.

Sie könnten uns einen Begrüßungsschnaps spendieren, meinte Willi.

In Frankfurt sahen sie die ersten Frauen, die am Bahnhof standen und auf ihre Heimkehrer warteten, neben ihnen Kinder und alte Leute. Es schien den Wartenden egal zu sein, was die Männer im Krieg angerichtet hatten, sie wollten sie nur umarmen und zu Hause haben. Keiner jubelte.

Es trat einer auf, der die Heimkehrer im neuen Deutschland begrüßte. Mit ihrer Hilfe wollte er das Zerstörte aufbauen und allen ein schöneres Leben schenken. Die Vergangenheit jedes Einzelnen werde überprüft. Falls es unter ihnen Faschisten und Kriegsverbrecher geben sollte, würden sie bestraft. Schließlich erklärte der Mann, wie ihre Reise weitergehen sollte. Nicht im Güterzug, sondern in Personenwagen 3. Klasse quer durch Deutschland sollte es gehen. Er sagte es so, als sei ein Personenwagen 3. Klasse ein ganz besonderes Beförderungsmittel.

Kommen wir auch durch Berlin?, fragte einer.

Das Berlin, wie ihr es kennt, gibt es nicht mehr, erhielt er zur Antwort. Die vom Krieg zerstörte Stadt sei wenig ansehenswert, außerdem geteilt in Ost und West. Es sei besser, sie zu umfahren.

Enden sollte die Reise in einem Lager, das für die Aufnahme von Heimkehrern eingerichtet worden war. Es lag jenseits des Harzgebirges und trug den Namen Friedland, ein Name, der viel Gutes versprach.

Willi schimpfte über das Lagergerede. Davon haben wir genug gehabt!, rief er. Ich will nach Montabaur.

Ihr Zug setzte sich in Bewegung und fuhr mitten ins deutsche Herz. Sie standen am Fenster und sahen sich das an, was übriggeblieben war. Kleinere Orte schien der Krieg übersehen zu haben. Ihre Schornsteine rauchten, ihre Kirchtürme ragten in den Himmel, als könnte ihnen niemand etwas antun. Das dörfliche Leben klapperte gemächlich seinen Gang. Fuhr der Zug durch Städte, begegneten ihnen dagegen öfter die Spuren des Krieges. Noch waren nicht alle Trümmer geräumt, noch standen Ruinen an den Straßen und warteten auf den Abriss. Keine Rede von Großdeutschland, wie sie es einst verlassen hatten.

Wir sollten uns nicht die alten Trümmer ansehen, sondern die Neubausiedlungen, sagte einer, der mit Gerd am Fenster stand.

Zerstören geht schnell, Aufbauen braucht seine Zeit, wusste ein anderer, der sein Elternhaus nicht finden konnte. Früher hatte er es vom Zug aus sehen können.

Gerd vermisste die Wälder.

Dieser Krieg hat viel Holz verbraucht, erklärte einer, der sich auskannte mit Kachelöfen und eisernen Öfen. Hinzu kamen die Holzkompensationen, die Deutschland an die Nachbarländer hatte liefern müssen für erlittene Kriegsschäden. So ein Krieg zerstört nicht nur Häuser, sondern auch Bäume und Zaunpfähle.

In der Dunkelheit träumten sie noch einmal ihre Träume. Irgendwo wird die Reise enden, und es werden Frauen und Kinder am Bahnhof stehen, ihnen zuwinken und Lieder singen. Es sollte alles gut werden. „Grüß dich, Deutschland, aus Herzensgrund!“

In Herleshausen endete ihre Fahrt. Hier trafen sie endlich diejenigen, die gekommen waren, ihre Heimkehrer zu begrüßen. Sie winkten und sangen.

Alle aussteigen!, rief eine Frauenstimme vom Bahnsteig her. Mit dem Bus geht es weiter ins Lager Friedland.

Wieder ein Lager, schimpfte Willi.

Friedhöfe sind immer nur Ziel, niemals Weg.

Ein Lager in Deutschland

In Herleshausen wurden sie so herzlich empfangen, wie sie es erwartet hatten. Unter den Wartenden gab es aber auch einige, die stumm abseits standen, weil sie nur fremde Gesichter sahen. Vor ihnen lagen achtzig Kilometer Busfahrt nach Friedland. Unterwegs begegnete ihnen das Land, von dem sie geträumt hatten. Oft musste der Bus halten, weil Winkende die Straße versperrten. Denen schien es einerlei zu sein, was die Heimkehrer in Russland angerichtet und für wen sie gekämpft hatten. Sie gehörten ihnen, es waren ihre Männer, Väter und Söhne, die heimkehrten. Die im Bus hörten ihr Singen. Herbstastern und Rosen wurden durchs Fenster gereicht. Fuhr der Bus an einer Kirche vorbei, vernahmen sie das Läuten der Glocken.

Wegen der vielen Unterbrechungen kam der Bus mit Verspätung in Friedland an. Hier gab es einen Empfang anderer Art. Als sie die Busse verließen, um ins Lager zu ziehen, trafen sie rechts und links des Weges Menschen, die schon lange nicht mehr gejubelt hatten, sondern vor sich hin schwiegen, als käme ihnen ein Leichenzug entgegen. Einige hielten den Ankommenden Schilder mit Soldatenbildern entgegen. Ein Horst Opitz wurde erwartet, und ein Heinz Brettschneider war am Kursker Bogen verschollen.

Gerd mochte nicht hinschauen. Ihn erschreckten weniger die Schilder mit den Namen, sondern die Gesichter derer, die ihnen die Schilder entgegenhielten. Wie versteinert sie aussahen, als wüssten sie, wie vergeblich sie warteten. Da er ihnen keine Hoffnung machen, sondern nur von den Gräbern neben den russischen Lagern erzählen konnte, schwieg er lieber.

In der Ferne schlug die Friedlandglocke.

Gerd Wolters hielt Ausschau nach Annalena. Sie wird es in der Zeitung gelesen oder im Radio gehört und sich auf den Weg gemacht haben, dachte er. Neben ihr sollte ein Junge mit blonden Haaren stehen. Doch weder Annalena noch der Junge warteten vor dem Lagertor. Wie sollten sie auch wissen, dass an diesem Oktobertag des Jahres 55 ein Gerd Wolters aus Russland heimgekehrt war?

Er sah Willi durch die Menschenmenge irren und bekannte Gesichter suchen. Besuch mich mal in Montabaur!, rief er, bevor er im Menschengewühl verschwand, um eine Fahrkarte zu lösen. Die Gemeinschaft, in der sie im russischen Lager und auf der Fahrt gelebt hatten, verflüchtigte sich am Tor von Friedland. Jeder ging eigene Wege, hatte eigene Erwartungen, suchte seine Angehörigen und brauchte die anderen nicht mehr. Wer Freunde und Bekannte gefunden hatte, war glücklich, die anderen blieben allein unter Fremden. Obwohl Hunderte um ihn waren, fühlte auch Gerd sich allein. Er kannte keinen. Wo wartete Annalena? War sie nach Recklinghausen gezogen, oder lebte sie immer noch mit seiner Mutter und dem Jungen in der Schwedenkate?

Einladend sahen sie nicht aus, die halbtonnenförmigen Wellblechbaracken des Lagers. Bevor er eine betreten durfte, musste er zur Registrierungsstelle und zur medizinischen Untersuchung. Von dort kamen viele gleich in die Krankenstation. Die Leute im Büro des Roten Kreuzes fragten nach Vermissten, die den Heimkehrern über den Weg gelaufen waren. Es fehlten noch über eine Million deutscher Soldaten, deren Angehörige sich immer wieder Hilfe suchend ans Rote Kreuz wandten. Ihre Namen standen in keiner Heimkehrerliste. Was war mit ihnen geschehen?

Gerd dachte daran, einen Brief an Annalena zu schreiben, wie er viele aus Tschuwaschien geschrieben hatte. Der deutschen Post traute er mehr zu als den tatarischen Reitern. Hol mich hier raus, wollte er schreiben. Ein Anruf ging nicht, die Schwedenkate in Aschenfehn besaß keinen Telefonanschluss.

Jemand erklärte ihm, es ginge mit der Bahn schneller als per Post. Also sollte er fahren.

Die Eisenbahn hatte eine Abfertigungsstelle für Heimkehrer eingerichtet. Dort erhielt Gerd einen Freifahrtschein bis Aschenfehn. Der Bahnbeamte blätterte in den Fahrplänen und fand den Ort östlich der niederländischen Grenze, nicht weit entfernt von dem Fluss Ems. Einen Bahnanschluss besaß Aschenfehn nicht, aber ein Bus fuhr zweimal täglich von Papenburg zu dem Dorf.

Gern hätte er telefonisch seine Ankunft gemeldet. Er rief das Gemeindeamt an, um mitzuteilen, ein ehemaliger Dorfbewohner namens Gerd Wolters sei aus Russland heimgekehrt und werde bald eintreffen. Die Telefonnummer des Amtes stand im Buch, aber niemand nahm den Hörer ab. Oder sollte er gleich nach Recklinghausen fahren?

Das geht nicht, sagte der Mann am Schalter. In den Entlassungspapieren steht Aschenfehn. Nur für diesen Ort kann ich eine Fahrkarte ausstellen.

Der liebe Gott hat den Menschen den Kopf nicht dazu gegeben, dass sie ihn hängen lassen.
Johannes Gillhoff: „Jürnjakob Swehn“

Endlich nach Hause

Seine Fahrkarte galt bis Papenburg mit Busanschluss nach Aschenfehn.

Sind Sie da zu Hause?, hatte der Einarmige am Schalter in Friedland gefragt.

In Aschenfehn bin ich geboren, hatte Gerd erwidert.

Vater und Mutter hatten dort gelebt, seine Frau sah er immer noch in der alten Schwedenkate, neben ihr den Jungen, und die Mutter sang fromme Lieder. Mehr Zuhause ging nicht.

Er versuchte, im Zug zu schlafen, musste aber zu viel denken. Nachdem er so lange unterwegs gewesen war, saß er in einem Personenzug, der wirklich nach Hause fuhr. Er sah das Haus, hörte Annalenas Ruhrdialekt und Siegfrieds sauberes Hochdeutsch. Was wird geschehen, wenn er an die Tür klopft? Ob der Junge ihn erkennt? Wie sah Annalena heute aus? Was macht eine Frau, wenn sie zwölf Jahre allein lebt? Wie werden sie sich berühren?

In Papenburg endete seine Zugfahrt. Dort war ihm vieles vertraut, die beiden Kirchtürme ragten immer noch in den Himmel, und die Straße, auf der er zur Arbeit gefahren war, sah so aus, als wäre es gestern gewesen. Ein Bus wartete vor dem Bahnhof auf die Weiterfahrt nach Aschenfehn.

Viele stiegen mit ein, aber sie gehörten nicht zu ihm. Die meisten blickten an ihm vorbei wie zu fernen Zielen. Ob sie ihn als Heimkehrer erkannten? Die zerschlissene Hose, das hellbraune Hemd, das einem russischen Soldaten gehört haben mochte, auch das sonderbare Kochgeschirr, das an seinem Gürtel baumelte. So sahen die Soldaten der deutschen Wehrmacht aus, als sie den Krieg verloren hatten. Wer sich lange in Russland rumtreibt, verliert den Anschluss ans Leben, dachten sie.

War es schlimm in Russland?, fragte eine Frau.

Wir haben im Wald gearbeitet, antwortete Gerd. Russland hat große Wälder.

Bei uns gibt es große Moore, bemerkte die Frau und zeigte aus dem Fenster. Im Aschendorfer Moor ist auch eine traurige Geschichte geschehen.

Sie fing an, über ihren Sohn zu sprechen, der am Don verschollen war, und wollte wissen, ob es ein großer Fluss sei. Auch nach Mooren und Wäldern am Don fragte sie.

Zu jener Gegend konnte Gerd wenig sagen, nur so viel, dass einer der Mitgefangenen behauptet hatte, er sei im tiefsten Winter mit einem Panzer über das Eis des Donflusses gefahren. Die Fahrgäste horchten auf. Früher wäre eine solche Heldentat beklatscht worden, nun schüttelten sie den Kopf.

Ob er die Emslandlager besuchen werde?, fragte die Frau.

Gerd kannte sie nicht.

Die Frau sprach von Gefangenen, die im Moor gearbeitet hatten. Für den Führer, für den Endsieg hatten sie gearbeitet, bis die Kanadier kamen. Das Emsland hatte bei Kriegsende fünfzehn Gefangenenlager, behauptete sie. Im Aschendorfer Moor befanden sich Tausende im Lager, unter ihnen auch Frauen.

Gerd stellte sich vor, wie russische Gefangene in den Emslandlagern und deutsche Gefangene in russischen Waldlagern gearbeitet hatten. So verteilten sie die Menschen in den Weltkriegen hin und her.

Der Krieg kam spät ins Emsland, erzählte die Frau. Als die Kanadier Papenburg besetzten, war es schon nach Ostern. Eine polnische Truppe war auch dabei, sagte sie. Ich hörte die Soldaten polnisch reden, gab aber nicht zu erkennen, dass ich sie verstehe. Ich bin nämlich ein Flüchtling aus Oberschlesien.

Sie erzählte noch von eintausendsiebenhundert polnischen Frauen, die in einem Emslandlager von den Kanadiern befreit wurden. Es soll ein großes Fest gegeben haben.

Die Landschaft, durch die der Bus fuhr, wurde immer vertrauter. Wie friedlich sie ihn empfing. Es gab keine Trümmer, keine Ruinen. Pferdegespanne zogen über die Äcker und schwarz-weiße Kühe grasten auf den Wiesen. Es fehlte nur an Wäldern.

In unserer Gegend gibt es Milch satt, hatte seine Mutter immer gesagt, und das in einem Ton, als sei Milch das Wichtigste auf der Welt.

Der Gedanke an Milch brachte ihn wieder zu dem Jungen. Ob er auch auf den Feldern arbeitete, wo Korn, Rüben und Kartoffeln wuchsen? Wer auf dem Feld arbeitet, braucht nicht zu hungern. Auch so eine Redensart seiner Mutter.

Es ärgerte ihn, Siegfrieds Geburtstag vergessen zu haben. Annalenas Geburtstag, den sie bei ihrer ersten Begegnung im Teutoburger Wald feierten, kannte er genau.

Ob es den Jungen auch in den Wald verschlagen hatte? Da Aschenfehn kaum Wälder besaß, zog er weiter in den Teutoburger Wald. Und Annalena mit ihm. Wenn er die beiden in Aschenfehn nicht antraf, müsste er sie im Teutoburger Wald suchen.

Je näher er dem Ort kam, desto unruhiger wurde er. Du fährst zu einem Namen, den es nicht mehr gibt. Annalena wird mit dem Jungen zu den Eltern nach Recklinghausen gezogen sein. Der Mann treibt sich im Krieg herum, wird sie gedacht haben, aber der Junge soll es besser haben und eine städtische Schule besuchen. Du kommst aus Russland zurück, aber keiner ist da, Gerd Wolters!

An jeder Haltestelle stiegen Fahrgäste aus, bald war er allein im Bus.

Was wollen Sie in Aschenfehn?, wunderte sich der Fahrer.

Da bin ich zu Hause, antwortete Gerd.

Der Mann am Lenkrad blickte ihn sonderbar an. Als er das in Friedland ausgestellte Ticket sah, sagte er nur: Wohl lange nicht zu Hause gewesen?

Was wir als Natur feiern, ist ein einziges Würgen, Jagen, Morden, Fressen und Gefressenwerden. Aber wir hören nicht den Schrei der geschundenen Kreatur, sondern nur das liebliche Waldesrauschen.

Unbekannt verzogen

Der Bus fuhr die alte Strecke, die Gerd seit Kindertagen kannte. Früher hatte er das Fehlen von Wäldern kaum wahrgenommen, weil ihn Bäume nichts angingen, doch in Russland wurde er zum Waldmenschen, den eine einsame Landschaft ohne Bäume erschreckte und an die sibirische Kohlenmine erinnerte.

Das Ortsschild erkannte er aus der Ferne. Dahinter musste das alte Zollhaus auftauchen, tat es aber nicht. An seiner Stelle standen zwei Holzbaracken, vor denen Kinder spielten. Die alten Baracken aus der Kriegszeit wurden immer noch gebraucht, außerdem hatten sie neue Baracken gebaut.

Sicher für die Flüchtlinge aus dem Osten, dachte Gerd. In Friedland hatten sie den Heimkehrern erzählt, Deutschland sei überfüllt von Millionen Menschen, die aus Angst vor der Roten Armee von Ost nach West geflohen waren. Zu den Flüchtlingen aus dem Osten kamen nun die Gefangenen aus dem Osten, zu viel für ein kleiner gewordenes Land.

Am Ortsschild hielt der Bus vor einer Haltestelle, die früher nicht existiert hatte. Das ist Ihr Aschenfehn, sagte der Fahrer. Er sagte es so, als täte es ihm leid.

Gerd stieg aus, der Fahrer blickte ihm kopfschüttelnd nach, bevor er Gas gab und den Bus Richtung Ortsmitte fahren ließ. Das Brummen verlor sich hinter den Häusern. Plötzlich Stille. Gerd Wolters war allein, wieder einmal allein. Niemand kam ihm entgegen. Einige Häuser fehlten, es fehlten auch bekannte Menschen. Niemand saß auf einer Bank vor der Haustür und winkte ihm zu.

Die Militärbaracke, vor dem Krieg gebaut, stand heil am alten Platz. Auf der Sandfläche davor, wo einst Soldaten exerziert hatten, spielten jetzt Kinder. Als er vorbeiging, hörten sie auf, sich Bälle zuzuwerfen, kamen zur Straße gelaufen und blickten ihn neugierig an.

Wo kommst du her?, fragte ein Mädchen.

Aus Russland.

Ist das weit?

Sehr weit.

Wen suchst du?, wollte ein Junge wissen.

Ja, wen suchte Gerd Wolters? Eine Frau namens Annalena und einen Sohn Siegfried. Beide Namen kannten die Kinder nicht. Außerdem suchte er seine Mutter, die er 1944 zum letzten Mal hier gesehen hatte. Sie könnte noch leben und auf ihn warten. Doch auch sie war den Kindern unbekannt.

Er hätte viel darum gegeben, wenn nun sein Junge angelaufen gekommen wäre. Er kam aber nicht. Also wanderte er die Dorfstraße entlang, dabei Ausschau haltend nach einem erwachsenen Menschen, den er fragen konnte.

Ein Traktor kreuzte die Straße, irgendwo lärmte eine Kreissäge, auch in Aschenfehn arbeiteten sie im Holz.

Vieles erschien ihm fremd. So konnte er die Schwedenkate nicht finden. Wo sie gestanden hatte, sah er ein tiefes Wasserloch, auf dem Enten schwammen. Am Ufer wucherte Schilf.

Ein Briefträger kam ihm per Fahrrad entgegen, die Posttasche baumelte am Lenkrad. Mitten auf der Straße stieg der Mann ab und lehnte das Rad an einen Straßenbaum. Der ist auch kriegsbeschädigt, dachte Gerd und wunderte sich, dass sie einen alten Mann mit einem steifen Arm als Briefträger arbeiten ließen.

Ich suche Annalena Wolters und meinen Sohn Siegfried, sagte Gerd zu ihm.

Der Mann nahm die Dienstmütze ab und schnäuzte sich. Die gibt es nicht mehr, sagte er.

Also doch nach Recklinghausen umgezogen, dachte Gerd.

Der Briefträger wischte mit dem Taschentuch in seinem Gesicht herum. Die gibt es überhaupt nicht mehr, sagte er und zeigte zu dem Wasserloch, auf dem die Enten schwammen.

Bombenvolltreffer, hörte Gerd eine Stimme. In den letzten Apriltagen, der Krieg wollte schon zu Ende gehen, kamen noch Tiefflieger über die holländische Grenze. Bei hellstem Sonnenschein kamen sie, weil sie die Ziele dann besser ausmachen konnten. Aschenfehn bombardierten sie am Vormittag, sie trafen auch die Schule.

Gerd setzte sich auf einen Stein am Straßenrand und wünschte sich zurück in die Geborgenheit der russischen Wälder, wo er mit den Bäumen sprechen, den Vogelstimmen lauschen und dem Wind zuhören konnte, ohne dass Bomben fielen.

Dein Junge hat Glück gehabt, fuhr der Briefträger fort. Es war der letzte Schultag, danach sollte die Schule wegen der näher kommenden Front geschlossen werden. Die Lehrerin wanderte mit den Kindern in den Birkenwald, um den Frühling zu begrüßen. Als die Bomben fielen, war die Schule leer. Alle Kinder überlebten.

Glück gehabt, nannte er das.

Wo gab es in Aschenfehn einen Birkenwald?, fragte Gerd.

Der Briefträger zeigte zu den Moorwiesen hinter dem Dorf. Die Lehrerin wollte den Kindern zeigen, wie die Bäume Knospen treiben. Nachdem das Unglück geschehen war, hat sie fluchtartig das Dorf verlassen. Es gab keinen Schulunterricht mehr.

Gerd schaute sich um.

Ich sehe keinen Birkenwald, sagte er.

In der schlechten Zeit brauchten sie viel Feuerholz, erklärte der Briefträger. Gleich nach dem Krieg hatten wir einen lausig kalten Winter. Da kam Birkenholz gerade recht für die Öfen.

Als Gerd nach Annalena fragte, zeigte der Briefträger zum Wasserloch, auf dem die Enten schwammen.

Es war nämlich so, sagte er nach einer langen Pause. Die Schwedenkate bekam einen Volltreffer. Später zählten sie siebzehn Tote in Aschenfehn. Wären die Kinder in der Schule geblieben und nicht zum Birkenwald gewandert, hätten es noch mehr sein können. Dein Junge hat Glück gehabt.

So geht Glück im Unglück, dachte Gerd. Der eine überlebt, der andere kommt um.

Deine Mutter ist den Bomben entgangen. Sie starb ein Jahr früher im schönen Sommer 44.

Aschenfehn war monatelang menschenleer und voller Leichengeruch, hörte er die ferne Stimme des Briefträgers. Erst im Sommer begannen sie aufzuräumen und neu zu bauen.

Gerd fragte nach dem Friedhof.

Den gibt es noch, aber nur für die alten Gräber, erklärte der Mann. Die siebzehn Toten des Bombenangriffs kamen in ein Massengrab, es waren zu viele für unseren kleinen Friedhof.

Er zeigte Richtung holländische Grenze. Da steht ein Holzkreuz mit siebzehn Namen.

Gerds Gedanken irrten über das Kreuz hinaus in andere Himmelsrichtungen. Er hörte nicht mehr, wie der alte Mann von der Mühe mit den vielen Briefen erzählte, die in jenem Unglücksjahr an Einwohner von Aschenfehn gerichtet waren, die er aber nicht zustellen konnte, weil die Empfänger nicht mehr lebten. Mit dem Vermerk „unbekannt verzogen“ gab er die Briefe retour an die Absender.

Wo mag der Junge geblieben sein, der so viel Glück gehabt hatte?, fragte Gerd.

Der Briefträger wusste keine Antwort. In seiner Posttasche war der Name Siegfried Wolters niemals vorgekommen. Er führte das auf das Alter des Jungen zurück. Kinder bekommen keine Briefe, sagte er.

Es blieb noch, die Stelle ausfindig zu machen, bei der Gerd sich anmelden musste.

Erst wenn du in den Papieren stehst, bist du ein richtiger Mensch, sagte der Briefträger und zeigte zur Gemeindebaracke an der Straße Richtung Holland. Da musst du hin.

Sie verabschiedeten sich an der Stelle, an der die Schule gestanden hatte, in die Gerd Wolters gegangen war und die auch sein Sohn besucht hatte. Nun war da ein freier Platz, auf dem Kamille und Brennnesseln wucherten.

Die modernen Kriege machen viele Menschen unglücklich, so lange sie dauern, und niemanden glücklich, wenn sie vorüber sind.
Johann Wolfgang von Goethe

Suchdienst Aschenfehn

Bevor er das Gemeindebüro betrat, schaute er sich das Dorf näher an. Er war mit großen Erwartungen heimgekehrt, fühlte sich aber nicht zu Hause. Ihm fehlten die vertrauten Menschen seiner Erinnerungen, auch Türen, Fassaden, Fenster und Schornsteine, die ihn jahrelang begleitet hatten, erschienen ihm fremd. Wo steckten die, die ihm in seiner Kinderzeit über den Weg gelaufen waren? Hatte der Krieg sie so verändert, dass er sie nicht wiedererkennen konnte? Du hättest in Friedland bleiben und dort warten sollen, bis dir ein bekannter Mensch begegnet, ging es ihm durch den Kopf. In Friedland gab es bestimmt viele, die genauso empfanden wie er. Aber es gab noch den Jungen, der in Aschenfehn zu Hause gewesen war. Ihn musste er finden.

Im Gemeindebüro empfing ihn ein Mann namens Fröhlich, der aber traurig aussah. Er sprach ein eigenartiges Deutsch, vermutlich war er ein Flüchtling aus dem Osten, der in Aschenfehn angekommen war und hier das Gemeindebüro verwaltete. Er kümmerte sich um die Flüchtlinge, die es nach Aschenfehn verschlagen hatte. Plattdeutsch verstand er nicht. Er nannte sich Auswanderer und meinte damit seine Reise von Tschenstochau nach Aschenfehn. Es waren viele Auswanderer aus Polen,

Galizien, Ostpreußen, Pommern, Schlesien und Tschechien westwärts geflohen und hatten ihren sonderbaren Dialekt mitgebracht. Als er aufstand, um Gerd zu begrüßen, wurde sein verkürztes Bein erkennbar.

Auch kriegsbeschädigt, ging es Gerd durch den Kopf. Sie setzen solche Leute gern in die Büros. Die Lahmen betreuen die Einarmigen und Heimatlosen. Für andere Arbeiten sind sie nicht mehr zu gebrauchen.

Einige Akten sind erhalten geblieben, begann Herr Fröhlich und blätterte in grauen Papieren, blätterte so lange, bis er Annalena gefunden hatte. Er stockte, las wieder und wieder. Ist kurz vor Kriegsende ums Leben gekommen, steht hier geschrieben.

Fröhlich trat ans Fenster und zeigte zu dem Holzkreuz am Dorfausgang. Gerd vermochte es nicht zu erkennen, weil er die Augen geschlossen hielt.

Ich war noch nicht in Aschenfehn, als es geschah, fuhr Fröhlich fort. Deshalb kann ich nichts Näheres sagen.

Meinen Jungen suche ich auch, bemerkte Gerd.

Herr Fröhlich begann wieder, in den Papieren zu blättern.

Ein Siegfried Wolters ist nicht gemeldet, sagte er.

Aber er ist hier geboren und hat hier bis Kriegsende gelebt, beharrte Gerd.

Zu den heute gemeldeten Einwohnern gehört er jedenfalls nicht, sagte Fröhlich und fing wieder von den vielen Flüchtlingen an, die bei Kriegsende das Dorf überflutet hatten. Außer den deutschen Flüchtlingen gab es damals viele Polen in dieser Gegend. Aus einem Dorf bei Meppen evakuierten sie die deutschen Einwohner, um für fünftausend Polen Platz zu schaffen. Einige gingen zurück in ihr kommunistisch gewordenes Land, aber die meisten Polen zogen weiter nach Holland und über das Meer nach Amerika und Kanada.

Wo könnte ich den Jungen suchen?, fragte Gerd Wolters.

Herr Fröhlich raufte sich die Haare. Das Unglück ist übrigens durch Fliegerbomben angerichtet worden, sagte er.

Fliegerbomben auf ein kleines Dorf, wunderte sich Gerd.

Aus dem Osten geflohen, im Westen von den Bomben eingeholt, so ging es im Krieg zu. Es soll ein Versehen gewesen sein, erklärte Fröhlich. Der Angriff galt dem Militärlager im Aschendorfer Moor. Einige Bomben fielen zu früh und trafen unser Dorf. Unsere Flüchtlinge hätten wie die Polen hier nicht bleiben, sondern weiter flüchten sollen nach Australien oder Kanada, sagte Fröhlich.

Es waren übrigens kanadische Truppen und eine polnische Einheit, die Aschenfehn eroberten, fuhr Fröhlich fort. Sie besetzten auch Papenburg und überquerten den Küstenkanal, den die Wehrmacht als letzte Widerstandslinie gedacht hatte.

Und mein Junge mittendrin in diesem Unheil.

So ist Krieg, murmelte Fröhlich und begann, die Entlassungspapiere von Friedland zu studieren. Nachdem er genug studiert hatte, trug er Gerd Wolters in die Einwohnerliste ein, wusste aber nicht, wo er ihn unterbringen sollte. Die Flüchtlinge hielten alle Wohnräume besetzt.

Schade, dass Sie keine Verwandten im Dorf haben, bemerkte Fröhlich.

Ich hatte eine Frau, den Jungen und meine Mutter, antwortete Gerd.

Fröhlich kam auf den Pfarrer zu sprechen, der in dem Dorf lebte. Vielleicht konnte der dem Heimkehrer helfen.

Den lieben Gott sollten wir aus dem Spiel lassen, sagte Gerd. Der hat uns in Russland nicht geholfen, und in Aschenfehn hat er auch nicht aufgepasst, als die Bomber kamen.

Gerd spürte, dass Fröhlich ihn loswerden wollte.

Wie wäre es mit Papenburg?, schlug er vor.

Erst muss ich den Jungen finden, sagte Gerd.

Angenehmes können Sie bei uns nicht erwarten, gab Fröhlich zu bedenken. Wir haben keine Arbeit und keine ordentlichen Wohnungen, nicht mal einen Kaufmannsladen gibt es im Dorf. Er wollte wissen, was Gerd gelernt hatte.

Elf verlorene Jahre fielen Gerd ein. Nichts gelernt, nichts gedacht. Nur Krieg gespielt und mit Bäumen geredet, weiter nichts. Über die Kohlenmine in Sibirien, in der er gefroren hatte, verlor er kein Wort, erzählte aber von den russischen Wäldern.

Sein Gegenüber erwähnte die Städte des Ruhrgebiets. Da suchen sie Arbeitskräfte und stellen auch Unterkünfte für sie bereit. Wer keine Arbeit findet, geht unter Tage. So ist das heute in Deutschland.

Gerd schüttelte den Kopf. Aus den russischen Wäldern in die unterirdischen Wälder an der Ruhr? Dafür war er nicht nach Hause gekommen. Am liebsten würde er in den Teutoburger Wald ziehen, um dort Annalena zu begegnen und mit ihr ein neues Leben zu beginnen.

Da die Schulkinder im Birkenwald waren, als die Bomben fielen, muss dein Junge überlebt haben, erklärte Fröhlich. Er schlug vor, die Kinder, die jetzt schon Erwachsene waren, zu befragen.

Fröhlich überlegte auch, in den Waisenhäusern im Emsland und Ammerland nach Siegfried Wolters zu forschen. Der Junge war damals in einem Alter, in dem alleinstehende Kinder in Waisenhäuser gegeben wurden. Da sitzt er vielleicht immer noch und wartet auf seinen Vater.

Als Gerd schon an der Tür stand, bemerkte Fröhlich, dass viele Menschen, die in diesem Land nicht mehr zurechtkommen, in andere Länder auswandern. Es ist wie eine zweite Flucht, eine Flucht zu besseren Aussichten. Kanada zum Beispiel. Dort arbeiten sie in den Wäldern und verdienen gutes Geld. Hungern braucht keiner.

Gerd fielen die kanadischen Truppen ein, die im April 1945 Aschenfehn besetzten. Sie nahmen das Waisenkind mit über den Ozean und schickten es in die kanadischen Wälder. So kann man auch sein Kind verlieren.

> Was fällt, das soll man auch noch stoßen.
> *Friedrich Nietzsche*

Im Birkenwald

Fröhlich wies ihm eine Blockhütte in der Nähe der Flüchtlingsbaracke zu, in der früher Ziegen gehaust hatten. Nur vorübergehend, sagte er. Im Winter kann da kein Mensch leben.

Er schlug vor, im Dorf die Leute nach seiner Familie zu befragen. Ich bin Gerd Wolters, sollte er sagen. Habe mal in der Schwedenkate gelebt, bis sie mich zu den Soldaten holten. Nun komme ich aus Russland zurück und kann meine Familie nicht finden. Was ist aus ihr geworden?

Gerd brachte solche Gespräche nur schwer über sich. Ihn verfolgte die Angst, es könnten noch schrecklichere Dinge ans Tageslicht kommen. So wanderte er schweigend durchs Dorf und blickte keinen Menschen an. Manchmal wünschte er sich zurück in die stillen Wälder, die keine Fragen stellen.

Die Kinder riefen ihm „Ruski" nach und rannten davon, wenn er auf die Straße trat. Nichts Vertrautes stellte sich ein. Jahrelang hatte er mit anderen Gefangenen, die die gleichen Sehnsüchte empfunden, das Gleiche erlebt hatten und die gleiche Sprache redeten, im russischen Wald gelebt. In einem Gefangenenlager bist du niemals allein, sondern immer mit Schicksalsgenossen zusammen. In Aschenfehn lebte er unter Fremden.

Nach ein paar Wochen überwand er sich und suchte einige inzwischen erwachsene Kinder auf, die mit Siegfried in die Schule gegangen waren. An die Wanderung zum Birkenwald erinnerten sie sich gut, auch an die Rauchwolke über der Schwedenkate und die Trümmer ihrer Schule, als sie heimkehrten. Siegfried Wolters hatten sie danach noch gesehen, aber nicht seine Mutter. Als die Kanadier einmarschierten, war Siegfried verschwunden.

Über die Kanadier erzählten sie nur Gutes. Sie waren freundlich zu den Kindern und schenkten ihnen Bonbons. Dass ihre Flugzeuge Bomben auf Aschenfehn geworfen hatten, tat den Kanadiern leid.

Wo steckte die Lehrerin, die damals mit den Kindern im Birkenwald gewesen war?

Sie hat sich gleich aus dem Staub gemacht, sagten die Leute in Aschenfehn.

Aus dem Staub machen wäre auch für den Jungen das Richtige gewesen, dachte Gerd.

Sollte er nach Friedland zurückkehren? In Friedland lebten viele, die wie er heimatlos waren und in dem Land, das der Krieg zurückgelassen hatte, nicht zurechtkamen. In Friedland warteten sie auf ihre Angehörigen, die sie abholen sollten, die es aber nicht mehr gab. In Friedland triffst du Männer, die ruhelos um die Hütten wandern und erschrecken, wenn jemand sie anspricht. Vor allem die, die östlich der Oder gewohnt hatten, konnten nicht mehr nach Hause gehen, sie trafen auch keinen Menschen, der ihnen nahestand. Gerd sehnte sich nach Gleichgesinnten, mit denen er über die russischen Wälder sprechen konnte, die die Namen der russischen Bäume kannten, Pichta und Buk, Lipa und Dub. In Tschuwaschien, wo der nördliche Nadelwald in den immergrünen Laubwald des Südens übergehen wollte, gab es auch die Berjósa, deren weißer Stamm den dunklen Wald erleuchtete. Weil sein Junge in einem Birkenwald gerettet worden war, standen ihm diese Bäume besonders nahe.

Gerd wanderte oft in den Birkenwald und sprach mit den Baumstümpfen, die auch nicht wussten, wo Siegfried Wolters geblieben war. Aus dem moorigen Grund wuchsen junge Birken. Er bewunderte sie. Diese Bäume sind unverwüstlich, dachte er, sie geben nicht auf, sie wollen wieder Wald werden.

Vom Birkenwald war es nur ein kurzer Weg über die Wiesen zum Holzkreuz am Dorfeingang. Er kratzte das Moos von Annalenas Namen und dachte an die kurze Zeit, die sie zusammen gewesen waren.

An jedem Freitag besuchte er Herrn Fröhlich und fragte, ob der Junge sich gemeldet hätte. Zeitungen und Radiosender berichteten ständig über die Russlandheimkehrer in Friedland, der Suchdienst im Nordwestdeutschen Rundfunk nannte viele Namen. Irgendwann wird der Junge den Namen seines Vaters hören, so dachte Gerd. Aber der Junge meldete sich nicht.

Herr Fröhlich wollte ihn loswerden, diesen einsamen Birkenwäldler, der mit niemand Kontakt finden konnte. Sie müssen eine Arbeit suchen; nur mit Arbeit kann ein neues Leben beginnen, lautete sein ständiges Reden.

Aber in Aschenfehn gab es keine Arbeit. Fröhlich dachte an ferne Städte, vielleicht im Ruhrgebiet.

Gerd fragte bei jedem Besuch, warum die Flieger ausgerechnet das militärisch unbedeutende Aschenfehn bombardiert hätten.

Das haben wir den englischen Offizier, als er später

mit seinem Jeep durchs Dorf fuhr, auch gefragt, erklärte Fröhlich. Es war ein Versehen, antwortete er. Die Flieger sollten das NS-Lager Aschendorfermoor zerstören. Einige Maschinen klinkten die Bomben zu früh aus. So etwas kann vorkommen im Krieg. Das Gefangenenlager, in dem hauptsächlich Kriegsgefangene und deutsche Häftlinge untergebracht waren, brannte damals nieder. An die fünfzig Menschen starben. Hinzu kamen die siebzehn Toten von Aschenfehn. Zu viel für ein kleines Dorf an der holländischen Grenze.

Im Garten teilen wir mit denen, die nicht säen und nicht ernten, aber die der himmlische Vater auf unsere Kosten mit ernährt.

Denkmäler

Ein Winter wie in Russland. Sogar im Emsland lag Schnee. Die Kälte war den Heimkehrern gefolgt und ließ sie nicht los. Die Radiosender berichteten über Eis und Schnee, Friedland geriet in Vergessenheit.

Fröhlich trug ihm an, sich mit Schneeschaufeln auf den Straßen ein paar Mark zu verdienen. Er dachte auch daran, bei der Gelegenheit Hausbewohnern zu begegnen, die mit dem vereinsamten Heimkehrer reden konnten.

Ein alter Mann erzählte von Sögel. Der Ort war im April 1945 verwüstet worden, auch bei einem Bombenangriff. Was den Erzähler am meisten berührte, war das Bild von der Zivilbevölkerung, die von den kanadischen Truppen gezwungen wurde, auf dem Friedhof von Sögel niederzuknien, um Abbitte zu leisten für das, was die Deutschen getan hatten. Zum elften Gedenktag des Bombenangriffs sollte in Sögel ein Denkmal errichtet werden. Gerd wäre gern dabei gewesen, aber er besaß kein Fahrrad, um nach Sögel zu fahren.

Als der Winter an Kraft verlor, beschäftigten sich Zeitungen und Radio wieder mehr mit Heimkehrertransporten, die in Herleshausen ankommen sollten. Jede Meldung rüttelte das Land wach und bewog Angehörige, nach Friedland zu reisen, um zu sehen, ob einer der ihren angekommen war.

Gerd dachte daran, im Birkenwald einen Baum zu pflanzen. Auf ein Schild wollte er schreiben: *Die Birken haben eine Schulklasse vor den Bomben gerettet.* Das wäre auch ein Denkmal.

Die Grabstelle seiner Mutter konnte er nicht finden. Sie war im letzten Kriegsjahr gestorben. Eigentlich müsste sie einen Stein auf dem alten Aschenfehner Friedhof bekommen haben. Aber er fand sie nicht. Den armen Leuten wird nur eine Kuhle gegraben, da werden sie hineingelegt und mit Erde zugedeckt, dachte Gerd. So geht es, wenn du niemand hast, der sich um dich kümmert.

Er beschäftigte sich viel mit Russland, diesem riesengroßen Land, dessen Wälder in der Erinnerung unendlich erschienen. Was die Zeitungen über jenes Land schrieben, nahm er besonders wahr. Eine Ballettaufführung „Romeo und Julia“ des Moskauer Bolschoi-Theaters erwähnten die deutschen Blätter. Die russischen Spielfilme „Der Mohr von Venedig“ und „Krieg und Frieden“ hatten sie im Waldlager nicht gesehen, nun liefen sie in deutschen Kinos. Hätte er ein Fahrrad, könnte er nach Papenburg fahren und sie anschauen.

Bei Annalenas Holzkreuz an der Straße nach Holland traf Gerd eine Frau, die den Schmutz vom Kreuz kratzte. Die hat Pech gehabt, sagte sie und tippte auf Annalenas Namen. In den letzten Kriegstagen haben viele Pech gehabt.

Von einem Jungen wusste sie nichts.

Der hat Glück gehabt, bemerkte Gerd. Er war im Wald und nicht in der Schule, als die Bomben fielen. Seitdem ist er verschwunden.

Die Frau blickte ihn traurig an. Es sind viele verschwunden in diesem Krieg, sagte sie und kratzte weiter an dem Holzkreuz. Sie werden nie wiederkommen.

Ob es den anderen Russlandheimkehrern auch so geht?, fragte er sich. Gern hätte er mit Willi aus Montabaur über diese Verlassenheit gesprochen. Wie kommst du zurecht in dem übrig gebliebenen Land? Und mit Albert von der deutsch-dänischen Grenze. Bist du immer noch nicht bei deiner Frau?

Für das, was einer ist, haben seine Vorfahren die Kosten bezahlt.
Friedrich Nietzsche

Frauen und Arbeit

Sie zahlten ihm eine Heimkehrerentschädigung, die helfen sollte, ein neues Leben zu beginnen. Außerdem bekam er Stempelgeld vom Arbeitsamt. Das reichte für das Nötigste.

Irgendwann müssen Sie sich nach einer ordentlichen Arbeit umsehen, mahnte Herr Fröhlich Woche um Woche.

Ja, irgendwann. Erst musste er den Jungen finden. Mit ihm wollte er zu einem Ort ziehen, in dem es Arbeit in Hülle und Fülle gab. Im Ruhrgebiet könnte er unter der Erde arbeiten und viel Geld verdienen. Der Junge sollte zur höheren Schule gehen und etwas Gescheites lernen, wenn er nur nach Hause käme.

Ein paar Tage half Gerd einem Bauern bei der Frühjahrsbestellung. Dort bekam er Essen und Trinken und als Lohn ein Fahrrad, ein gebrauchtes Vorkriegsexemplar mit Vollballonreifen. Damit weiteten sich seine Reiseziele beträchtlich. Er konnte die Ems rauf- und runterfahren, Papenburg besuchen, danach auch Oldenburg und auf den Ämtern und in den Waisenhäusern nach einem Siegfried Wolters fragen.

Das Arbeitsamt bot ihm eine Stelle in einem Sägewerk nahe Papenburg an. Das lehnte er ab. Gerd Wolters hatte so viele Bäume in Stücke geschnitten, mehr sollten es nicht sein. Wie wäre es mit einer Gärtnerei oder Baumschule, in der Bäume nicht zersägt werden, sondern wachsen können? Dergleichen hatte das Arbeitsamt nicht im Angebot.

Wäre der Krieg nicht gekommen, hätte er in einem Handwerksberuf mit Holz gearbeitet. Keine Bäume gefällt, sondern aus dem Holz der Bäume Tische und Bänke gefertigt. Aber der Krieg hatte den jungen Leuten andere Gedanken in den Kopf gesetzt. Berufssoldat wäre etwas Ordentliches, hieß es damals. Soldaten werden immer gebraucht, und jeder hat einen Marschallstab im Tornister.

Die Heimkehr, die er sich in seinen Träumen vorgestellt hatte, sah anders aus als das Leben, das er in Aschenfehn führte. Du kommst von der Arbeit, der Junge setzt sich auf deinen Schoß und erzählt von der Schule. Die Frau steht am Herd und rührt in der Suppe, die Oma sitzt in der Kammer und summt ihre Lieder, im Ofen flackert das Feuer. Der Hund liegt vor der Tür, die Katze schnurrt um den Küchentisch. So ist Zuhause.

Was er auch anstellte, er blieb allein. Ihm wurde bewusst, dass der große Junge nicht mehr auf Vaters Schoß sitzen würde. So oder so, er hatte ihn verloren.

In der Schlange vor der Stempelgeldkasse traf er Männer, die über dieses und jenes redeten, meistens über den vergangenen Krieg, ihre Erlebnisse und Verwundungen. Einer schwärmte von der Bundeswehr, die neu gegründet werden sollte. Melde dich zu den Soldaten, sagte er zu Gerd. Du weißt doch, wie es geht. Bei der Bundeswehr hast du ausgesorgt bis zum nächsten Krieg.

Nicht schon wieder marschieren und strammstehen, schießen und singen, dachte Gerd. Die alten Lieder steckten ihm noch im Kopf. „Wir werden weiter marschieren, wenn alles in Scherben fällt“, hatten sie gesungen. Danach fiel wirklich alles in Scherben.

Die Bundeswehr nimmt keinen, der elf Jahre in einem sowjetischen Gefangenenlager zugebracht hat, sagte er zu dem Mann, der mit ihm in der Stempelgeldschlange stand.

Die elf Jahre brauchst du ihnen nicht zu sagen, erhielt er zur Antwort.

Arbeit allein war es nicht, er wollte auch eine Frau. Du bist noch keine vierzig Jahre alt und hast vergessen, wie es mit Frauen geht, Gerd Wolters. In Tschuwaschien hatte er oft an Annalena gedacht und sich nach den Nächten mit ihr gesehnt. Nun hatte er Angst.

Wenn er bei seinen Wanderungen Frauen traf, schaute er zur Seite. Einige grüßten freundlich, er grüßte nicht zurück. Er bekam Angst vor ihrem Lächeln und Angst vor ihren Erwartungen. Die Geschichte mit den Frauen war ihm in der russischen Einsamkeit fremd geworden. Sie kam auch nicht in seinen Träumen vor. Ja, wenn Annalena die Straße entlanggekommen wäre, hätte er wieder lachen und an Frauen denken können. Willi aus Montabaur wollte als Erstes ein Bordell besuchen und damit die Haueneinsamkeit beenden. In Aschenfehn gab es kein Bordell, in Papenburg auch nicht. Also vergessen wir das.

Die erste größere Radtour unternahm er nach Papenburg. Dort stand er vor den beiden Kirchen und wunderte sich, wie wenig sie in diesem Krieg gelitten hatten. Im Inneren traf er viele Frauen. Sie hockten mit gebeugten Häuptern und gefalteten Händen in den Bänken. Einige knieten nahe dem Altar.

Für wen beteten sie? Hatten sie auch verschollene Söhne in Russland?

Er wagte nicht zu fragen.

Und schicket euch in die Zeit, denn es ist böse Zeit.
Epheser, 6, 4

Zum Teutoburger Wald

Die Leute nannten ihn einen Waldmenschen, obwohl es in seiner Gegend kaum Wälder gab, dafür aber viele Moore. Er erschien ihnen als wunderlicher Kauz, der sinnend durch die Feldmark wanderte und nichts Vernünftiges anzufangen wusste. Auch die Jungen, die er aus seiner Kinderzeit kannte, die mit ihm in Aschenfehn groß geworden waren, gingen ihm aus dem Weg.

Der ist kriegsbeschädigt, sagten sie hinter vorgehaltener Hand. Oder: Den haben die russischen Wälder verdorben.

Er wäre zu anderen Orten umgezogen, aber solange er nicht wusste, wo sein Junge steckte, musste er in Aschenfehn bleiben. Es könnte sein, dass Siegfried seinen Vater suchte, so wie er auf seinen Sohn wartete. Nur in Aschenfehn konnten sie sich begegnen.

Auf seinen Wanderungen grub er wild wachsende Schösslinge aus, die an den Wegen wuchsen, und pflanzte sie in seinen Birkenwald. Ein neuer Wald sollte entstehen. „Wer hat dich, du schöner Wald, aufgebaut so hoch da droben“, werden die Schulkinder eines Tages singen, wenn sie zu seinem Birkenwald wandern. In eine Chronik von Aschenfehn, wenn es die jemals geben sollte, gehört die Geschichte des Birkenwaldes hineingeschrieben. Warum ist Annalena nicht mit den Schulkindern in den Wald gewandert, um Frühlingslieder zu singen? Sie blieb in der Schwedenkate, bis die Bomben fielen.

Schon auf der Rückfahrt aus Russland hatte er viel an den Teutoburger Wald gedacht. In seinem Kopf setzte sich der Gedanke fest, Annalena sei, als der Krieg näher kam, in den Teutoburger Wald geflüchtet, und der Junge mit ihr. Bei seiner Ankunft in Aschenfehn löste sich dieser Gedanke in Luft auf. Annalena war von einer Bombe getötet worden und der Junge im Birkenwald untergetaucht. Trotzdem ging ihm der Teutoburger Wald nicht aus dem Sinn. Dort wuchsen die Bäume, die an Annalena und ihre erste Begegnung erinnerten. Nun, da er ein Fahrrad besaß, konnte er ihn besuchen.

Er fand das HJ-Lager, in dem sie damals gesungen und exerziert hatten und in dem jetzt Flüchtlinge aus Bessarabien lebten. Sie erlaubten ihm, in einem Holzschuppen zu übernachten. Am nächsten Tag suchte er Annalenas BDM-Lager auf. Er fand es unbewohnt und arg ramponiert. Mit Annalena spazierte er in Gedanken durch den Wald, bergauf, bergab, bis er die Stelle fand, an der sie im hohen Gras gelegen hatten. Das Gras war da, Annalena fehlte.

Ob auch der Junge in den Wald gelaufen ist?, fragte er sich. Bei Gefahr flieht jeder in den Wald. Da es in Aschenfehn keine Wälder gab, könnte auch er den Teutoburger Wald gesucht haben.

Bei Gerds Besuch begegneten ihm Frauen, meistens Wandergruppen, die vor sich hin sangen oder den Vogelstimmen lauschten. Wenn sie ihm im Vorbeigehen einen Gruß zuriefen, schaute er zur Seite.

Er hat sich verlaufen, flüsterten sie. Ach, es gab viele Frauen, die der Krieg übriggelassen hatte und die auf

Männer warteten, die sich verlaufen hatten. Aber sie trafen nur verstörte, einsame Wölfe.

Sein Ausflug zum Teutoburger Wald endete traurig. Wieder eine Hoffnung weniger. Auf der Heimfahrt kam er vom rechten Weg ab. Statt sein Dorf Aschenfehn erreichte er das Aschendorfer Moor, und zwar an der Stelle, an der das Moorlager gewesen war. Es gab viele Moore in der Gegend, aber das von Aschendorf hatte eine besondere Berühmtheit, schon als Kind hatte er schaurige Geschichten davon gehört. Es war nicht erlaubt gewesen, es zu betreten. Nicht einmal die Hitlerjugend durfte singend zum Moor marschieren, weil dort Gefangene, also Feinde, lebten. Zu fürchten war die Gegend auch, weil es in trockenen Sommern im Moor häufig Brände gab.

Als Gerd mit dem Fahrrad im Moor eintraf, war Besuch wieder erlaubt, aber es gab weder Gefangene noch Baracken, die er besuchen konnte. Hier und da ragten verkohlte Holzbalken aus wucherndem Gras, er entdeckte die bröckelnde Mauer eines festen Gebäudes, mittendrin ein Gedenkstein, dessen Inschrift verriet, dass er Jahre nach dem Krieg errichtet worden sein musste.

Was ist hier passiert?, fragte er einen alten Mann, der mit Hund und Krückstock das Lager umwanderte und so tat, als müsste er es bewachen.

Bombenangriff, erklärte der Alte. Die ausgedörrten Baracken gaben ein gutes Feuer.

Das muss der Angriff gewesen sein, bei dem Bomben in Aschenfehn niedergingen, dachte Gerd. Schon war er wieder bei dem Jungen, bei Annalena und der ganzen traurigen Geschichte.

Nein, Frauen und Kinder sind hier nicht umgekommen, sagte der alte Mann. Nur Gefangene. Das Lager war im April 45 völlig überbelegt, wusste er. Sie hatten es für tausend Personen eingerichtet, aber dreitausend lebten in den Baracken. Bis „Mörder-Herold" kam. Das war ein Neunzehnjähriger, der in einem verlassenen Militärauto eine Offiziersuniform gefunden hatte, die ihm gut passte. Er zog sie an, marschierte ins Lager, traf unterwegs ein paar junge Soldaten und befahl ihnen, ihm zu folgen. Sie glaubten dem hochdekorierten Offizier und richteten auf seinen Befehl ein Blutbad im Lager an, bei dem über hundert Gefangene starben.

Der Alte wischte sich die Augen und sprach eine Weile mit dem Hund an seiner Seite.

Und wie ist das Lager abgebrannt?, fragte Gerd.

Man sagt, die Alliierten erfuhren von der Schreckensherrschaft im Aschendorfer Moor und schickten Flugzeuge, die das Lager bombardieren sollten. Das war ein Fehler, denn wenn ich ein Gefangenenlager bombardiere, treffe ich hauptsächlich Gefangene und nicht ihre Aufseher. So starben noch einmal fünfzig Gefangene, und die Holzbaracken fingen Feuer. Gerd fragte, ob Mörder-Herold den Bombenangriff überlebt hat.

Der soll mit seinen Leuten weiter durch die Lande gezogen sein, bis ihn kurz nach Kriegsende eine britische Militärpatrouille in Aurich festnahm. Eineinhalb Jahre später wurde er von einem britischen Sondergericht zum Tode verurteilt. Das ging nur, weil er inzwischen einundzwanzig Jahre alt war; einen Neunzehnjährigen hätten sie nur zu einer Gefängnisstrafe verurteilen können.

> Wenn schon alles wahr sein muss,
> was ich sage, so brauche ich doch nicht
> alles zu sagen, was wahr ist.
> *Immanuel Kant*

Für den Aufbau

Per Fahrrad zum Küstenkanal. Das sei, so erzählten sie in Aschenfehn, die letzte Verteidigungslinie der Wehrmacht gewesen, bevor alles zusammenbrach. Du kannst heute noch über Trümmer stolpern, hieß es.

Der Kanal endete bei der Stadt Oldenburg, die Gerd von seiner Lehrzeit her kannte. Als er durch ihre Straßen radelte, traf er Bernhard, einen Heimkehrer, der mit dem gleichen Zug aus Russland gekommen war. Sie erkannten sich sofort, gingen in eine Kneipe, tranken ein Bier und sprachen über Gestern und Heute. Was mochte aus ihrem Waldlager geworden sein? Gab es immer noch Gefangene, die auf ihren Zug nach Hause warteten?

Die Russen arbeiten nicht gern, behauptete Bernhard. Für die Arbeit brauchen sie Gefangene, für die Gefangenen brauchen sie Lager, und für die Lager brauchen sie Wälder. So war das schon immer und so wird es bleiben. Sie spielen gern den Aufseher.

Bernhard glaubte, die letzten Gefangenen kämen bald nach Hause. Wir werden sie freikaufen, denn wir brauchen sie dringend für den Aufbau, und Geld hat der Adenauer genug.

Bernhard gehörte zu den Heimkehrern, denen niemand die elf Jahre im russischen Wald ansah. Er rauchte

Zigaretten, trank viel Bier, ging jeden Morgen um sieben Uhr zur Arbeit und besuchte sonntags den Fußballplatz. Er war zufrieden mit seiner Stadt und dem Land, das der Krieg übrig gelassen hatte. Die Trümmer, die es hier und da noch gab, störten ihn wenig. Er half mit, sie aus dem Weg zu räumen, um neue Häuser zu errichten, denn Bernhard arbeitete am Bau, hatte es mit Balken und Dachlatten zu tun, also wieder mit Holz wie damals in Tschuwaschien.

Bald werde ich mir ein eigenes Haus bauen, sagte er stolz nach dem zweiten Bier.

An Hausbauen hatte Gerd auch gedacht. Ein Haus aus Holz mit Kaminen und Holzöfen und auf dem Dach schwarze Holzplatten. Aber für wen sollte er bauen? In ein Haus gehörten eine Frau und Kinder. Die waren ihm abhandengekommen, und es sah nicht so aus, als könnte er sie wiederfinden.

Wie hast du deine Frau gefunden?, fragte er Bernhard.

Gefunden ja, aber es war nicht die Frau, die ich vor dem Krieg geheiratet hatte, antwortete er. Weißt du, es gibt nur wenige Frauen, die es elf Jahre ohne ihren Mann aushalten. Als ich vor der Tür stand, sagte sie: Du kommst zu spät, ich hab' schon einen anderen.

Auf diesen Satz tranken sie einen Schnaps.

Gefunden hatte Bernhard eine Kriegerwitwe, deren Mann irgendwo bei Smolensk unter die Erde gekommen war. Die hieß Sonja, hatte schwarze Haare und konnte gut singen. Wir wollen Kinder haben, mindestens zwei, aber erst kommt das Haus, erklärte Bernhard.

Als Gerd von Annalenas Tod erzählte, fluchte Bernhard auf die Flieger. Kurz vor Toresschluss noch ein kleines Dorf bombardieren! Wer macht so etwas?

Es soll ein Versehen gewesen sein, sagte Gerd.

Der ganze Krieg war ein Versehen, behauptete Bernhard.

Den zweiten Schnaps tranken sie auf Annalena.

Brauchst du keine Frau?, fragte Bernhard.

Damit bin ich durch, antwortete Gerd. Ich hab' die Bäume. Du weißt doch, die meisten Bäume sind weiblich. Er zählte sie auf: die Eiche, die Buche, die Tanne, die Esche, die Birke, die Linde ... Alles Frauen.

Bernhard lachte. Er buchte die Liebe zu den weiblichen Bäumen auf die Schnäpse, die sie getrunken hatten, und versprach, ihm eine Frau zu besorgen. Es gibt so viele, die auf einen Mann warten.

Erst muss ich meinen Jungen finden, sagte Gerd, dann kommt die Frau.

Sie sprachen über das Durcheinander bei Kriegsende. Die einen zogen nach Westen, die anderen in den Süden. Und alle waren auf der Suche nach einem Zuhause und verwandten Menschen. Nach Osten wollte keiner.

Vielleicht haust dein Junge auf einer Alm, hütet Kühe und weiß nicht, dass sein Vater nach Hause gekommen ist, meinte Bernhard.

Schließlich fiel ihm Auswanderung ein. In letzter Zeit sind viele junge Männer nach Übersee abgehauen, weil sie es in Deutschland nicht aushalten konnten. Statt Hammer und Schaufel in die Hand zu nehmen, träumten sie von Paradiesen hinter dem Ozean.

Dein Junge könnte dabei gewesen sein. Glaub' mir, sie kommen alle wieder. Es gibt keine schönere Gegend als unser Deutschland.

Nach Kanada ist er gewiss nicht ausgewandert, meinte Gerd und erzählte von den kanadischen Fliegern, die Annalena getötet hatten.

Bernhard sah die Welt in rosigen Farben; die Trümmer, die hier und da noch herumlagen, störten ihn wenig. In zehn Jahren siehst du keine Trümmer, sagte er. Dann ist Deutschland wieder heil.

Als sie sich verabschiedeten, stellte Bernhard die Frage: Was hältst du von Ungarn?

Gerd hatte den Ungarnaufstand und den Einmarsch der Roten Armee in Budapest kaum wahrgenommen. Ungarn lag im Osten, und alles Östliche verdrängte er gern. Nur die östlichen Wälder in Tschuwaschien gingen ihn noch etwas an.

Es geht wieder los, schimpfte Bernhard. Fünfzehntausend Ungarnflüchtlinge sind nach Deutschland gekommen. Hat nicht lange gehalten, der Frieden. Gerade mal elf Jahre. Zwischen Juden und Arabern ist auch Krieg. Es sind nicht nur die Deutschen, die anderen können es auch. Wir haben genug gehabt. Wir wollen nur das Zerstörte aufbauen und dann in Frieden leben.

Ein furchtbar wütend Schrecknis ist der Krieg,
die Herde schlägt er und den Hirten.
Friedrich Schiller: „Wilhelm Tell“

„Wir werden weiter marschieren ...“

Nicht nur Aschenfehn, das ganze Land erschien ihm fremd. Die Menschen, die er traf, die auf den Ämtern, in den Geschäften, in den Kneipen und auf der Straße, sie schienen zu wissen, woher er kam.

Du hast zu lange in den russischen Wäldern gehaust und darüber Deutschland vergessen, redete er sich ein. Du gehörst nicht mehr zu ihnen.

Oft erschienen ihm alte Bilder aus dem Waldlager. Wenn Schnee fiel, dachte er an Tschuwaschien. Wenn ein Gewitter donnerte, hörte er den Krieg. Er sah die Gräben bei Mogilew und die davor aufgereihten Gefangenen, die auf den Tod warteten. Maschinengewehrfeuer störte oft seinen Schlaf. Wer hat eigentlich die Gruben von Mogilew zugeschüttet? Dazu bedurfte es vieler Hände.

Du hast nicht geschossen, redete er sich ein.

Aber du warst dabei, hatte sein Kamerad damals gesagt, der neben ihm nach Mogilew marschiert war. Dabeisein genügt, um schuldig zu werden. Er brachte es nicht über sich, mit irgendjemand über Mogilew zu sprechen, nicht einmal mit Bernhard.

Abwechslung brachten die Kinobesuche. Einmal wöchentlich fuhr er mit dem Fahrrad nach Papenburg und setzte sich in den dunklen Saal. Am liebsten sah er amerikanische Western, begleitete die wilden Reiter der Prärie, die Holzfäller in den Rocky Mountains und die Indianer auf dem Kriegspfad.

Aus zeitlicher Ferne und auf anderen Kontinenten machte ihre Art, Krieg zu spielen, sogar Spaß, nur in Aschenfehn sollten sie es lieber bleiben lassen. Er fragte sich, warum sie keine Filme zeigten, die in den russischen Wäldern spielten?

Bei den Wochenschauen, die vor jedem Film auf die Leinwand kamen, schloss er lieber die Augen. Sie erschienen so optimistisch, redeten ständig vom Wirtschaftswunder, feierten Schiffstaufen, Einweihungen großer Wohnhäuser und die ersten Reisen deutscher Flugzeuge und Schiffe über den Ozean. In der Wochenschau sah er auch die neuen Soldaten, wie sie leibhaftig im Harzgebirge auf und ab marschierten. Einmal traf er sie im Emsland, wo er auf dem Weg nach Papenburg war, um den Film „The Man from Laramie" mit James Stewart zu sehen. Keine englischen, keine amerikanischen, keine russischen, sondern deutsche Soldaten kamen ihm auf der Straße entgegen. Warum brauchen wir wieder Soldaten?, fragte er sich, stieg vom Fahrrad und ließ sie vorbeiziehen. Die Uniformen kamen ihm bekannt vor. Wieder grau wie die Erde. Und so jung die Gesichter, sie sahen so ahnungslos aus. Im Großen Krieg, den er erlebt hatte, waren sie noch Kinder gewesen, nun marschierten sie auf deutschen Straßen in deutschen Uniformen und sangen deutsche Lieder.

Für wen wollten sie kämpfen? Was hatte man ihnen erzählt? Warum war Marschieren wieder notwendig? Sie hätten die heimgekehrten Kriegsgefangenen fragen sollen, ob es gut ist, wieder eine Armee aufzustellen.

„Von den Bergen rauscht ein Wasser", erklang es auf der Straße vor Papenburg, ein bekanntes Lied, das Gerd oft gesungen hatte. Es hörte sich gut an.

Den Offizier, der die Truppe anführte, schätzte Gerd so alt wie sich selbst. Ob er auch in Russland gewesen ist? Die Russlandkämpfer, die Gerd kannte, hatten alle die Nase voll vom Soldatspielen. Er hätte den Offizier gern gefragt, in welcher Gegend er den Zweiten Weltkrieg erlebt hatte. Aber alle marschierten an ihm vorbei, und niemand achtete auf den einsamen Radfahrer, der neben einer Birke stand und die Soldaten nicht grüßen mochte, weil sie ihn nicht anschauten, dem die Knie schlotterten, der auch kein Wort herausbrachte. Als ihr Gesang verklungen war, kam Gerd in den Sinn, sich auch zu den Soldaten zu melden. Da gab es noch Kameradschaft, da gab es Freunde. Soldatsein war ein Beruf, in dem er sich auskannte. Nur schießen ging nicht mehr, nicht mal auf Hasen und Rehböcke. Also lassen wir das.

Von Aschenfehn schrieb er einen Brief an den Minister, dem die jungen Soldaten gehörten. Er schilderte seine Soldatenzeit in Russland und die lange Kriegsgefangenschaft in den Wäldern. Bei der Heimkehr habe er seinen Sohn nicht finden können. Ob ein Siegfried Wolters als Rekrut in der neuen Armee diene, wollte er wissen.

Er bekam eine freundliche Antwort. Nein, Siegfried Wolters stehe nicht in den Listen, schrieb das Verteidigungsministerium, sie wollten den Namen aber vormerken und sich melden, falls er auftauche.

Bei einer weiteren Kinofahrt besuchte er Bernhard. Der hatte einen Bauplatz gekauft und wühlte gerade in der Baugrube. Seine Frau erwartete ein Kind, das in dem neuen Haus zur Welt kommen sollte. Also war Eile geboten. Als Gerd von der Truppe berichtete, die er unterwegs getroffen hatte, zog Bernhard ein Stück Papier aus der Tasche. Er hatte es aus der Zeitung gerissen und aufbewahrt. Die Notiz sagte, die Kriegsauszeichnungen der beiden Weltkriege dürften von ehemaligen deutschen Soldaten wieder getragen werden. Nur die NS-Symbole seien zu entfernen. Statt eines Hakenkreuzes gehöre ein Eichenblatt auf den Orden.

Bernhard lachte. Ich hab' so ein Ding in der Brieftasche, sagte er. Wie soll ich ein Eichenblatt über das Hakenkreuz kleben? Das wäre Betrug. Wir haben für das Hakenkreuz gekämpft, und dabei muss es bleiben. Ich werde den Orden im Nachtschrank aufbewahren.

Auch Gerd Wolters hatte ein Eisernes Kreuz verliehen bekommen, doch ein russischer Soldat hatte es ihm bei der Gefangennahme vom Rock gerissen und als Souvenir für seine Babuschka eingesteckt. Damals tat es weh, er fühlte sich gedemütigt, heute war ihm der Orden gleichgültig. Wer scherte sich noch um Eiserne Kreuze?

Sie haben die Bundeswehr eingeführt. Wer so etwas macht, braucht auch Eiserne Kreuze. Das war Bernhards Meinung.

Wer das Schwert nimmt, der soll durchs Schwert umkommen.
Matthäus, 26, 52

Über den Ozean

Es war Bernhards Idee, der Junge könnte nach dem Tod seiner Mutter zu den Großeltern gegangen sein und in Recklinghausen leben. Gerd glaubte das nicht. Aber weil Bernhard immer wieder damit anfing, machte er sich bei warmem Sommerwetter mit dem Fahrrad auf den Weg und erreichte nach zwei Tagen die Stadt im Ruhrgebiet. Das Haus, in dem Annalena groß geworden war, gab es noch, ihre Eltern fehlten.

Sie sind gestorben, sagte das Amt und erwähnte einen „natürlichen Tod" im Jahre 1944. Dass es in jenen Tagen neben den vielen Kriegs- und Bombenopfern natürliche Tode gegeben hatte, empfand Gerd als gute Nachricht. Es kam ihm wie ein besserer Tod vor.

Einen Siegfried Wolters fand das Amt nicht in den Papieren.

Gerd hätte eine Wohnung in einer Bergarbeitersiedlung bekommen können und Arbeit unter der Erde. Aber bevor er zu den toten Wäldern hinabstieg, musste er den Jungen finden. Das sagte er den Leuten vom Amt.

Was gab es sonst noch an Arbeit? Was hatte er gelernt? Sein Kriegshandwerk endete in den russischen Wäldern, wo er Holzstämme zu Bergen geschichtet und mit Loren zum Wasser gefahren hatte. Dort hatte er sich mit Bäumen angefreundet, ihren Geruch, ihre Farbe wahrgenommen. Seitdem ging er nicht mehr an jungen Trieben vorbei, sondern gab sie dort in die Erde, wo die Baumfäller Ödflächen hinterlassen hatten.

Eine Arbeit in den Wäldern wäre der rechte Beruf für ihn. Aber nicht als Jäger mit einer Flinte durch den Wald laufen. Wer eine Flinte trägt, will auch schießen. Das konnte er nicht mehr. Außerdem gab es bei Aschenfehn kaum Wälder. Um mit Bäumen zu arbeiten, müsste er zu Annalena in den Teutoburger Wald ziehen.

Nach der Rückkehr aus Recklinghausen ging er zu Herrn Fröhlich und fragte, ob der Junge sich gemeldet hätte. Hatte er nicht. Fröhlich schlug vor, in den Auswandererhäfen Hamburg und Bremerhaven nachzufragen. Es gingen neuerdings viele junge Leute ins Ausland, hauptsächlich nach Kanada, Australien und in die Vereinigten Staaten. Da die Deutschen zehn Jahre nach dem Krieg wieder eine Armee bekommen, machen sich die auf den Weg, die mit Soldatspielen nichts im Sinn haben. Lieber in Kanada Bäume fällen, als in Deutschland Soldatenstiefel putzen. Und nicht in die Vereinigten Staaten gehen. Da ziehen sie dich sofort zu ihren Soldaten ein.

Der Gedanke an Kanada ließ ihn nicht los. Es waren kanadische Truppen, die im April 1945, von Holland kommend, Aschenfehn erobert hatten. Wie nun, wenn sie einen elternlosen Jungen auf der Straße getroffen und mitgenommen hatten in die kanadischen Wälder? Herr Fröhlich hielt das nicht für ausgeschlossen. Soldaten nehmen manchmal alleinstehende Kinder mit, nicht als Kriegsbeute, sondern aus Mitgefühl mit Kindern, die keine Eltern mehr haben. Das glaubte Herr Fröhlich, dem es sehr darauf ankam, Gerd an einen anderen Ort umzusiedeln.

In den Auswanderungsämtern in Hamburg und Bremerhaven gibt es Listen über die Personen, die Deutschland verlassen haben, erklärte Fröhlich und gab ihm die Adressen, an die Gerd schreiben sollte.

Admiralitätstraße Hamburg war die erste Anschrift. Nach zehn Tagen schrieb das Auswanderungsamt, ein Siegfried Wolters stehe nicht in den Listen. Er solle es in Bremerhaven versuchen. Das tat er auch, bekam aber keine Antwort.

Schließlich nahm das Rote Kreuz Siegfried Wolters in die Liste der verschollenen Kinder auf. Zusammen mit Flüchtlingskindern, Wolfskindern und anderen Verlorenen der letzten Kriegstage wurde sein Name im Radio verlesen. Die Sendung begann immer mit den Worten: Gesucht wird ... Dann folgte eine eintönige Namensreihe. Zum Schluss noch ein Hinweis, an wen man sich wenden sollte, wenn man etwas über das Schicksal des Verschollenen wüsste. Gerd ging jeden Morgen zu einem Nachbarn, der ein Radio besaß, um die Namen des Suchdienstes zu hören. Siegfried Wolters wurde wochenlang ausgerufen, gab aber keine Antwort.

Ich beschwöre euch, meine Brüder, bleibt der Erde treu.
Friedrich Nietzsche

Im Überseeheim

Von Bernhard kam der Vorschlag, Bremen und Bremerhaven zu besuchen, die Abschiedshäfen der Auswanderer. Vielleicht findest du dort eine Spur von deinem Jungen, meinte er.

Auf der Radtour Richtung Bremen dachte Gerd viel an Auswanderung. Was geht in den Menschen vor, die Deutschland nicht mehr mögen und in eine bessere Zukunft aufbrechen wollen? Ist das eine Art Fahnenflucht? Sollte auch er auswandern? Bernhard hielt Auswandern für Verrat am Vaterland. Außerdem werden sie dich nicht nehmen, hatte er gesagt. Wer elf Jahre in russischen Waldlagern zugebracht hat, ist für amerikanische Wälder verdorben.

Nachdem er in einer Feldscheune übernachtet hatte, erreichte er Bremen an einem sonnigen Vormittag.

Morgen geht ein Schiff nach Kanada, erfuhr er von einem Polizisten in der Vorstadt. Aber nicht ab Bremen, sondern von Bremerhaven aus. Die Auswanderer verbringen die Nacht im Überseeheim nahe dem Flughafen. Mit einem Sondertransport fahren sie morgen nach Bremerhaven und besteigen das Schiff. Im Überseeheim müsste es Namenslisten geben über alle, die in den letzten Jahren ausgewandert sind und dort übernachtet haben, meinte der Polizist. Vielleicht findest du deinen Jungen in einer Liste.

Am Überseeheim traf er viele, die kamen und gingen, vor allem junge Männer, nur wenige Frauen. Alte Leute und Kinder sah er überhaupt nicht, für die gab es in Amerika keine Arbeit.

Willst du mit dem Fahrrad auswandern?, fragte der Pförtner, bei dem Gerd sein Rad abstellte. Es sind schon viele mit dem Fahrrad gekommen, aufs Schiff gestiegen und haben das Fahrrad bei mir vergessen. Der Mann zeigte auf Dutzende Räder, die hinter dem Haus standen. Vielleicht kommen sie wieder und brauchen ein Fahrrad, sagte er.

Da Gerd keine Auswanderungspapiere besaß, wollten sie ihn nicht ins Überseeheim lassen. Als er sagte, er wolle sich nur von seinem Sohn verabschieden, öffneten sie die Tür.

Am Empfang fragte er nach Siegfried Wolters. Unter den gemeldeten Gästen, die hier heute schlafen, kommt der Name nicht vor, erhielt er zur Antwort.

Außerdem erfuhr er, dass in den letzten sieben Jahren eine halbe Million Menschen nach Übersee ausgewandert seien, die meisten über Bremerhaven. Da hätten wir viel zu tun, sie alle in Listen zu verewigen, sagte die Frau am Empfangsschalter. Aus den Augen, aus dem Sinn.

Gerd setzte sich ins Restaurant, trank Tee und beobachtete das Treiben der jungen Auswanderer. Diese erwartungsvollen Gesichter. Wie wird sie aussehen, die neue Welt?

Morgen ist Sonntag ... Morgen beginnt ein neues Leben ... Auf dem Schiff soll es sehr gutes Essen geben, so gut wie vor dem Krieg ... Hoffentlich geraten wir nicht in einen Sturm ... Gehst du auch nach Toronto? Nein, nach Winnipeg.

In Kanada müssen die Auswanderer in den Wäldern anfangen, wusste einer, der sich für ein Holzfällercamp in British-Columbia entschieden hatte. Wälder haben sie in Hülle und Fülle. Von der Ostküste zur Westküste fährst du nur durch Wald. Da gibt es viel Arbeit.

War es möglich, den Jungen in einem kanadischen Holzfällercamp zu finden? Der Vater bringt Jahre in russischen Wäldern zu, der Sohn will das Gleiche in Kanada versuchen. Ein sonderbarer Gedanke.

Vor einem Schalter standen sie Schlange, um Geld zu tauschen. Stolz zeigten sie die kanadischen Scheine. Auch damit kannst du Millionär werden!, rief einer und wirbelte ein paar Dollar durch die Luft.

Wenn ich genug verdient habe, komme ich zurück, kaufe mir ein Auto und fahre in die bayerischen Berge, verkündete ein anderer. Dann steckte er eine Münze in die Musikbox. Als der „Hohenfriedberger" ertönte, sagte er: Das ist unser Abschiedsmarsch. Dabei stand er stramm wie auf dem Kasernenhof.

Es folgte ein Tango. Ein junges Paar drehte sich vor der Musikbox im Kreis, und die Frau flüsterte: letzter Tanz in Deutschland.

Wo willst du hin?, sprach ihn ein Mann im Vorbeigehen an.

Ich will nicht auswandern, ich suche nur meinen Sohn, antwortete Gerd Wolters.

Ist er weggelaufen?

Ich weiß nicht mal, ob er noch lebt.

Der andere schüttelte den Kopf und warf eine Münze in die Musikbox. „Ich tanze mit dir in den Himmel hinein“, wollte er hören. Aber er hatte niemand, mit dem er in den Himmel tanzen konnte.

Ob der Himmel über Kanada auch so aussieht wie im Teutoburger Wald, über Aschenfehn und Recklinghausen?, fragte sich Gerd. Plötzlich überkam ihn der Gedanke, auch auszuwandern zu den kanadischen Wäldern.

Drüben gibt es nicht genug Frauen, um in den Himmel zu tanzen, sagte einer. Du musst dir eine mitnehmen.

Um elf Uhr schloss das Restaurant. Wer eine Übernachtung gebucht hatte, verzog sich in sein Zimmer, die anderen wanderten stadteinwärts.

Der Sohn soll nicht tragen die Missetat des Vaters, und der Vater soll nicht tragen die Missetat des Sohnes.
Prophet Hesekiel

„Bleib' nicht so lange fort ..."

Er folgte den Nachtwanderern, die vom Überseeheim in die Stadt zogen, die nicht schlafen, sondern nur auswandern wollten. Einige legten sich auf Parkbänke, andere bevölkerten die Wartehalle des Hauptbahnhofs.

„Das strahlendste Weiß meines Lebens!", verkündete ein Reklameschild auf dem Bahnhofsvorplatz.

Vergiss es, sagte einer zu Gerd Wolters, der vor dem Schild stehengeblieben war. In diesem Land sind nur die Reklameschilder weiß.

Für fünfzig Pfennige kaufte er fünf Brötchen. Nachdem er sie gegessen hatte, fühlte er sich besser. Er setzte sich zu den Auswanderern in die Bahnhofshalle und dachte an seinen Jungen, dachte so lange, bis er einschlief und im Traum die morschen Knochen zittern hörte.

Am Morgen, als die anderen zum Auswandererzug nach Bremerhaven eilten, machte er sich per Fahrrad auf den Weg in die gleiche Richtung. Wie fühlt man sich, wenn du dieses graue Land verlassen willst, in dem nur die Reklameschilder weiß leuchten?, hätte er gern einen der Auswanderer gefragt. Er wollte das Schiff sehen und das Meer und die jungen Menschen, die so erwartungsvoll in ein neues Leben aufbrachen. Konnte es sein, dass er in Bremerhaven seinem Jungen begegnete?

Ein grauer, trüber Morgen lastete über dem Weserfluss. Die Stadt lag unter einer Nebelbank. Du hättest wärmere Kleidung mitnehmen sollen, dachte er. Die brauchst du auf dem Fahrrad, und dein Junge auf dem Schiff braucht sie auch.

Er schaffte es, vor dem Sonderzug am Kai einzutreffen. Ihn empfingen Polizisten, Hafenbeamte, Matrosen und ein Schiff, das am Kai lag und auf die Auswanderer wartete. Es hieß „Arosa Sun“ und sah weiß aus wie das Reklameschild am Hauptbahnhof. Die Fahne hing schlaff am Heck; er konnte nicht erkennen, woher das Schiff kam und wohin es fahren wollte.

Mit dem Fahrrad kommt keiner an Bord, sagte ein Matrose, der die Gangway bewachte.

Ich will nur meinem Jungen Auf Wiedersehen sagen, antwortete Gerd.

Wie sieht er aus?, fragte der andere.

Gerd wusste es nicht, weil er den Jungen lange nicht gesehen hatte. War er blond oder schwarz, groß oder klein? Man müsste den Namen ausrufen, um ihn zu finden. Unter der Fahne am Heck sah er jemand stehen, umkreist von Möwenschwärmen. Könnte es Siegfried Wolters sein? Ein paar Schritte weiter lehnte eine Frau an der Reling. War Annalena beim Bombenangriff in Aschenfehn nicht umgekommen, sondern an die Reling dieses Auswandererschiffes geflüchtet, um Möwen zu füttern?

Du siehst Gespenster, Gerd Wolters. Denke nicht an das, was gewesen ist, sondern an das, was kommen wird. Die schmutzigen Wellen und Nebelschwaden über dem Wasser ließen eine traurige Stimmung entstehen. Nur im fernen Westen entdeckte er einen hellen Streifen über dem Meer. Dort leuchtete das Licht, zu dem der Junge aufbrechen wollte.

Gegen elf Uhr wird der Zug aus Bremen eintreffen, sagte der Mann an der Gangway. Nachmittags legen wir ab.

Ich kann meinen Sohn nicht finden, erklärte Gerd. Niemand weiß, ob er ausgewandert ist, wohin er ausgewandert ist und mit welchem Schiff. Vielleicht ist er heute dabei.

Der Mann an der Gangway schüttelte den Kopf.

Du kannst auch auswandern, sagte er und beschrieb die Reiseroute seines Schiffes: von Bremerhaven nach Quebec. Immer die gleiche Tour hin und her, immer mit Auswanderern von Europa nach Kanada. Alle Welt will auswandern.

Gerd fragte nach Passagierlisten mit den Namen derer, die schon ausgewandert waren. Es könnte ein Siegfried Wolters unter ihnen gewesen sein.

Der Matrose versprach, bei der Schiffsleitung nach den Listen zu fragen. Er wollte sich melden.

Gerd gab ihm einen Zettel mit seiner Anschrift und bat darum, ihm zu schreiben, wenn er den Jungen in den Papieren gefunden hatte. An einem Kiosk kaufte er zwei Flaschen Bier, brachte eine zu dem Matrosen, setzte sich mit der anderen auf eine Bank und wartete auf die Ankunft der Auswanderer. Im Osten das düstere Festland, vor ihm das graue Meer, jenseits des Ozeans die kanadischen Wälder und noch weiter entfernt, auf der anderen Seite der Erde, der russische Wald. Wasser und Wälder waren die Elemente, die zählten.

Warum wanderst du nicht auch aus, Gerd Wolters? Du hast keinen Menschen in diesem Land, der dich etwas angeht. Überall triffst du Fremde, die dich vorwurfsvoll anblicken. Der hat für Hitler gekämpft, sagen ihre Blicke. Auch in den Auswandererländern bist du nicht willkommen. Immer stehst du im Verdacht, ein Hitlerist zu sein. Einen Soldaten der Hitlerarmee, der elf Jahre in Russland zugebracht hat, nimmt kein Land der Welt auf.

Als der Transport vom Überseeheim eintraf, verflog die Traurigkeit. Es gab Gedränge vor der Gangway. Männer in Matrosenuniform spielten „Auf Wiedersehen, auf Wiedersehen, bleib' nicht so lange fort".

Die auf das Schiff wollten, dachten nicht an ein Wiedersehen in Deutschland, aber sie sangen das Lied mit, das Abschiedslied aller Reisenden.

Es hatten sich viele eingefunden, die ihren Auswanderern nachwinken wollten. Er sah Frauen mit Kindern, ein junges Mädchen, das einen jungen Mann küsste. „Bleib' nicht so lange fort", mag sie ihm zugeflüstert haben. Ein Heulton kündigte die Abfahrt an. Qualm waberte über dem Wasser, Wellen klatschten gegen die Kaimauer. Aufgeschreckte Möwen folgten dem auslaufenden Schiff. Zurück blieb ein einsamer Radfahrer, der nicht winken konnte.

Nun sah er es deutlich: Über dem Meer schien die Sonne, das Festland hing in Nebelschwaden.

„Preußische Erde"

Das Wort Auswanderung ließ ihn nicht mehr los. Nachdem er die jungen Leute erlebt hatte, die sich in Bremerhaven vor dem Auswandererschiff drängten, ging ihm Kanada nicht aus dem Sinn. Ein alter Schulatlas zeigte ihm, wie das Land beschaffen war. Er sah Wälder wie in Russland, aber ohne Zaun und Stacheldraht. Bestimmt arbeitete der Junge im Holz wie sein Vater, aber nicht als Gefangener, sondern als freier Mensch, der gehen konnte, wohin er wollte. In dem Dorf, in dem er geboren war und seine Kindheit verlebt hatte, mochte der Junge nicht mehr sein. Fort von Aschenfehn!, mochte er gedacht haben. Nach Westen oder Osten war ihm einerlei, nur Wälder müsste es geben.

Suchst du immer noch deinen Jungen?, fragte ein Mann in Aschenfehn.

Ich glaube, er ist tot, antwortete Gerd.

Der hat sich zu lange in Russland rumgetrieben, davon ist er krank geworden, sagten die Leute über Gerd Wolters.

Die Kinder aus der Flüchtlingsbaracke riefen ihm komische Sprüche nach, gegen die er sich nicht wehren konnte. Er entfernte sich mehr und mehr von den Menschen und kam den Wäldern näher, den russischen Wäldern, den kanadischen Wäldern, auch dem Teutoburger Wald. Der Matrose, der in die Passagierlisten der Auswandererschiffe blicken wollte, meldete sich nicht. Also auch das vergeblich.

Der Gedanke, per Schiff nach Kanada zu reisen, um seinen Jungen zu suchen, ließ ihn nicht los. Es fehlte ihm nur das Geld für die Passage. Ohne Geld bist du nicht frei, Gerd Wolters. Er beschloss, eine Arbeit zu suchen, die Geld einbringt. Am besten wieder unter der Erde wie in der sibirischen Kohlenmine.

Das Arbeitsamt, bei dem er wöchentlich sein Stempelgeld abholte, gab ihm eine Überweisung nach Recklinghausen. Wenn es Ihnen nicht gefällt, kommen Sie zurück, bei uns gibt es auch Arbeit. Das sagte der Mann vom Arbeitsamt und fügte hinzu, dass sie schließlich im Wirtschaftswunder lebten.

Noch einmal besuchte er die Baumstümpfe des Birkenwaldes, bevor er die Habseligkeiten, die er besaß, aufs Fahrrad schnallte, um nach Recklinghausen zu einem neuen Arbeitsleben zu fahren. Vorher besuchte er Herrn Fröhlich und bat um ein Zeichen, falls der Junge brieflich, telefonisch oder leibhaftig erscheinen sollte.

Eine Zeche mit dem Namen „Preußische Erde“ verschaffte ihm eine Unterkunft in einem Bergarbeiterheim, wo er mit einem Kumpel aus Münster zusammenlebte, der wie er durch den Krieg gegangen war und nichts anderes als Krieg gelernt hatte. Der wollte auch nur Geld verdienen, weiter nichts. Freude an der Arbeit brauchte er nicht.

Gerd erzählte ihm, dass er Geld für eine Reise nach Kanada spare, um seinen Jungen in den kanadischen Wäldern zu suchen. Als er über Annalenas Tod in den letzten Kriegstagen sprach, raufte sich der Mann die Haare.

Wenn deine Frau im Krieg umgekommen ist und du deinen Jungen nicht finden kannst, musst du dir eine neue Frau anschaffen und wieder einen Jungen machen, sagte er. Es gibt Frauen genug. Ja, das Wirtschaftswunder sorgte auch für einen Überfluss an Frauen und Kindern.

Bei der ersten Abfahrt kam es ihm vor, als hörte er Bäume rauschen und Waldvögel singen. Er roch Baumharz und stellte sich Waldblumen vor, die hier vor tausend Jahren geblüht haben mochten. Tief im Schacht sah es so aus wie in Sibirien. Die Herren da oben, die das deutsche Wirtschaftswunder priesen, waren noch nie unter der Erde gewesen, sprachen aber vom Gold in der Tiefe, das an die Oberfläche gefördert werden musste, um das zerstörte Land aufzubauen. Nie zuvor ist das Ruhmeslied der Kohle so laut gesungen worden wie in den Jahren nach dem Krieg. Die Arbeiter unter Tage wurden zu Helden des Wirtschaftswunders.

Erschöpft kamen sie nach jeder Schicht ans Tageslicht. Niemand lachte über die schwarzen Gesichter der Helden. In der Gemeinschaftsdusche, die mit warmem Wasser komfortabler ausgestattet war als die Waschtröge im sibirischen Lager, wurden sie zu sauberen Menschen. Morgen geht es weiter, wieder schwarz, wieder unter die Dusche und so fort, bis Deutschland aufgebaut ist und Gerd Wolters genug Geld hat, um nach Kanada zu reisen.

Du musst mal in die Kirche gehen, das hilft auch, sagte sein Kumpel an einem Sonntag, nachdem er sich in Schale geworfen hatte.

Gerd schüttelte den Kopf. In elf Jahren Russland war ihm Gott abhandengekommen. Weder in der sibirischen Mine, noch im Waldlager hatte es Gottesdienste gegeben, weil Russland ein gottloses Land geworden war. Dort läuteten keine Glocken, es heulten nur Sirenen. Statt der

Kirchtürme wuchsen Bäume in den Himmel. Bäume bedeuteten Gerd mehr als Kathedralen.

Einmal ging er doch in die Kirche. Das geschah zur Erinnerung an den Weißen Sonntag, an dem sein Sohn Siegfried getauft werden sollte. Im Stillen hoffte er, Siegfried Wolters in der Kirche in Recklinghausen zu treffen.

Den Sturm ernten die, die nicht
den Wind gesät haben.

White Birch und Ponderosa

Von Recklinghausen schrieb er an Bernhard, schilderte seinen Besuch in Bremerhaven und erzählte von dem Matrosen, der einen Blick in die Passagierlisten werfen wollte. Bernhard antwortete, er solle direkt an die Reederei schreiben und fragen, ob ein Siegfried Wolters unter den Auswanderern gewesen sei. Auch bei den deutschen Botschaften in den Auswandererländern – das wären Australien, USA, Kanada, also die halbe Welt – sollte er nach dem Jungen fragen. Bernhards Brief endete mit dem Satz: Nach Russland brauchst du nicht zu schreiben, dahin will kein Mensch auswandern!

Von Bernhard kam auch der Gedanke, eine Suchanzeige aufzugeben. Der Krieg hat so vieles durcheinander gebracht. Die Menschen wissen nicht, wo ihre nächsten Angehörigen stecken, ob sie überhaupt noch leben. Er schlug folgenden Text vor:

Gesucht wird Siegfried Wolters, geboren 1936,
zuletzt wohnhaft in Aschenfehn/Emsland.
Vermisst seit 1945.

Während sein Kumpel zur Heiligen Messe ging und anschließend in einer Kneipe untertauchte, schrieb Gerd Briefe an die deutschen Botschaften in den Auswandererländern. Außerdem studierte er Landkarten.

Australien besaß die geringsten Waldflächen. In den USA klaffte zwischen dem baumreichen Osten und den Wäldern des Westens eine baumlose Fläche, Prärie genannt. Warum wuchsen dort weniger Bäume? Das wollte er seinen Jungen fragen, sobald er ihn fände. Das weiter nördlich gelegene Kanada bestand fast nur aus Wald. Hier setzten sich die russischen Wälder auf einem anderen Kontinent fort, ein bewaldeter Ring umklammerte die Erde.

Der Junge könnte auch in Österreich leben, fiel ihm ein. Dort gab es genug Wälder, um Holz zu schlagen, genug Almen, um Kühe zu hüten, genug Flüsse, um stromabwärts zu fahren. Warum sollte ein Junge aus dem Emsland nicht in Österreichs Bergen leben? In Zeiten wie diesen war alles möglich, der eine kommt, der andere geht. Millionen Menschen suchen einander und können sich nicht finden.

Den Gedanken, Siegfried könnte nach Russland ausgewandert sein, seinem Vater entgegen, mochte er nicht zu Ende denken. Der Vater kommt aus dem Osten nach Hause, sein Junge zieht nach Osten, ihn zu suchen. Das wäre verkehrte Welt.

Der fernste Ort meldete sich zuerst. Ein Siegfried Wolters sei in Australien nicht angekommen. Erst seit 1955 gebe es in Canberra eine deutsche Botschaft. Einwanderer aus der Zeit davor seien überhaupt nicht erfasst. Die Botschaft in den USA gab keine Antwort.

Ottawa meldete sich zuletzt. Wegen der „weltkriegsbedingten" Unterbrechung gebe es erst seit dem 13. Februar 1951 eine deutsche Botschaft in Ottawa. Auswanderer, die vor diesem Zeitpunkt nach Kanada kamen, seien nicht registriert.

Also wieder keine Spur. Vor 1951 war Siegfried noch ein Kind, das nicht auswandern konnte, notierte Gerd auf dem Brief aus Ottawa.

Bald hast du genug Geld für eine Reise, dachte er. Aber du weißt nicht, ob du nach Australien, USA oder Kanada fahren sollst, um den Jungen zu suchen.

In den Auswandererländern, die er angeschrieben hatte, sprachen sie Englisch. Auch eine Folge des Krieges. Englisch war zur Weltsprache geworden, die jeder verstehen wollte. Wenn er seinen Jungen in Kanada suchen wollte, müsste er sich mit Englisch befassen. „Lernt Englisch im Londoner Rundfunk“, hieß die Radiosendung, die Auswanderer auf ihre Reise vorbereitete. Gerd hörte sie jeden Morgen. Wieder fingen sie mit den Bäumen an. White Birch nannten sie die Birken in Kanada, Berjósa in Russland. Die Ponderosa Pine wuchs in Amerika. Welch ein schöner Name! Die Waldarbeiter in den kanadischen Wäldern hießen Woodworker, sie lebten in Camps, und ein See inmitten der Wälder trug den schönen Namen Lake of the Woods.

> Die herrlichen Heldentaten wären höchlich zu rühmen, wenn sie nicht mit anderer Menschen Untergang und Schaden vollbracht wären.
> *Grimmelshausen: „Simplicissimus"*

Von neuen Mauern

Er kaufte ein gebrauchtes Auto, ein Goggomobil, in hellblauer Farbe. Das sollte ihm Reisen von Recklinghausen nach Aschenfehn, Teutoburger Wald und Bremerhaven ermöglichen; andere Zielorte fielen ihm nicht ein. Einen Führerschein besaß er seit der Militärzeit, die einzige gute Erinnerung an die Wehrmacht.

Verdammt eng auf den Sitzen, sagte er bei der Besichtigung des Autos.

Ja, die Frau ist immer dicht bei dir, antwortete der Verkäufer und lachte.

Ich hab' keine Frau, sagte Gerd.

Mit so einem Auto wirst du bald eine bekommen, Frauen lieben Autos.

Die erste Reise unternahm er nach Aschenfehn. Er wollte Herrn Fröhlich nach Nachrichten aus Kanada befragen. Aber der hörte gar nicht zu, weil er in Gedanken weniger im Westen als im Osten unterwegs war.

In Berlin bauen sie eine Mauer, sagte Fröhlich und schüttelte den Kopf. Er erwartete Flüchtlingsströme aus dem Osten. Allein im Juli sind dreißigtausend DDR-Bürger westwärts geflohen, wusste er. Weil immer mehr kommen wollen, sperren sie die Grenze und bauen eine Mauer.

Den 13. August des Jahres 1961 erlebte Gerd in Aschenfehn. Dort tat sich nichts Besonderes. Die Alten saßen vor der Tür, rauchten Pfeife und sprachen über die Frühkartoffeln. Berlin und die sonderbare Mauer gingen sie nichts an.

Auch Gerd verschwendete kaum Gedanken an den Osten. Ja, wenn der Junge nach Russland ausgewandert wäre, hätte er sich wohl Sorgen gemacht. Aber in Kanada gab es keine Mauern, niemand musste fliehen, jeder konnte gehen, wohin er wollte.

Gerds Aschenfehn-Reise sollte ein Abschiedsbesuch sein, nie wieder wollte er diesen traurigen Ort besuchen. Die Flüchtlingsbaracke am Dorfeingang fand er leer, die Sandkisten verkrautet. Flüchtlingskinder, die hinter dem Fremden herliefen und nach dem Namen fragten, traf er keine.

Wo sind die Flüchtlinge geblieben?, fragte er Herrn Fröhlich.

Einige sind in die Stadt gezogen, weil sie dort Arbeit fanden. Andere haben sich eigene Häuser gebaut. Wenn du den Weg zum Birkenwald gehst, findest du die Flüchtlingssiedlung. Die ein eigenes Haus gebaut haben, denken nicht mehr an eine Rückkehr in den Osten. Fröhlich sprach von Eheschließungen zwischen Einheimischen und Flüchtlingen und nannte das die beste Art, Flüchtlinge zu integrieren.

Was ist aus der Baracke geworden?, fragte Gerd.

Die wartet auf neue Flüchtlinge, meinte Fröhlich und lächelte süßsauer.

Die Baracke hatte eine merkwürdige Geschichte. Vor dem Krieg für deutsche Soldaten gebaut, im Krieg eine

Unterkunft für russische Gefangene und schließlich für Flüchtlinge aus dem Osten. Russische Kriegsgefangene in einer Baracke in Aschenfehn, deutsche Kriegsgefangene in einem russischen Waldlager: So sonderbar geht es in der Welt zu. Nun stand der Holzbau leer und wartete auf Flüchtlinge von der Berliner Mauer.

Irgendwann kommen sie, meinte Fröhlich. In der DDR, in Polen, in Russland schaffen sie immer wieder Anlässe, um auf die Flucht zu gehen. Mauern halten die Flüchtlinge nicht auf, im Gegenteil, sie treiben sie an. Wer möchte schon eingemauert leben?

Sind viele Flüchtlinge aus dem Osten nach Amerika ausgewandert?, fragte Gerd.

Fröhlich nickte. So weit nach Westen wie möglich, lautete ihre Devise. Als sie von dem herrlichen Leben in Amerika hörten, flüchteten sie über den Ozean in eine neue Welt.

Ob sie drüben auch Flüchtlinge aufnehmen, die für Hitler gekämpft haben?, wollte Gerd wissen.

Darüber habe ich mich auch gewundert, erklärte Fröhlich. Die Amerikaner und Kanadier fragen nicht, für wen die Deutschen gekämpft haben. Sie brauchen Menschen für ihr leeres Land, Arbeiter für die Wälder und die Farmen. Da ist es einerlei, ob die Einwanderer für Hitler marschiert sind oder zehn Jahre in russischen Gefangenenlagern zugebracht haben.

Als Gerd spätabends in Recklinghausen eintraf, fand er einen Luftpostbrief mit kanadischen Briefmarken im Postkasten. Die Arosa Line Reederei teilte mit, am 24. September 1955 sei das Schiff „Arosa Sun", das am 14. September in Bremerhaven abgegangen war, in Quebec eingetroffen. Ein Siegfried Wolters sei von der kanadischen Einwanderungsbehörde registriert worden und weiter nach Toronto gereist. Wo er sich zurzeit aufhalte, vermochte niemand zu sagen, Kanada kenne keine Meldepflicht.

Es wurde eine große Nacht, in der Gerd eine halbe Flasche Rum austrank. Der Junge lebte irgendwo in Kanada, vermutlich in den Wäldern. Wärst du ein paar Wochen später in Bremerhaven aufgebrochen, hättest du diese Notiz in der Zeitung lesen können: „Moskau will deutsche Gefangene freilassen."

Die Nachricht verursachte damals große Aufregung. Du wärst nicht abgereist, Siegfried, sondern hättest auf deinen Vater gewartet. Und wir wären gemeinsam ausgewandert. Wie sonderbar kann es zugehen: Ein Sohn fährt nach Kanada, sein Vater kehrt aus Russland heim. Ob ihre Wege sich irgendwann kreuzen werden?

In seinem Kopf ging vieles durcheinander. Der Junge lebte, aber der Vater wusste nicht, wo er sich aufhielt. Er fuhr in die Grube und dachte an Sibirien, hatte den Teutoburger Wald vor Augen und wanderte mit Annalena unter grünen Bäumen. Kam alles vom Rum. Zu Aschenfehn fiel Gerd Wolters nichts mehr ein.

So schönes Wetter wie früher gibt es gar nicht, weil alles schlechter wird auf der Welt.
Johannes Gillhoff: „Jürnjakob Swehn“

Von der Einsamkeit der Städte

Am nächsten Wochenende fuhr er wieder in den Norden, um Bernhard in Oldenburg die gute Nachricht von der Reederei zu überbringen.

Fahre nach Kanada und hole ihn zurück, sagte Bernhard. Wir brauchen ihn, um unser Land aufzubauen, wir brauchen dich und den Jungen. Bernhard hielt Auswanderer für Feiglinge, die sich der Verantwortung für ihr Land entziehen und nur ein schönes Leben führen wollen.

Der Mauerbau in Berlin beunruhigte ihn wenig. Er fand es richtig, sozialistische Wirtschaft und Marktwirtschaft zu trennen, wenn nicht anders, dann eben mit einer Mauer. Wir werden sehen, auf welcher Seite die Bananen wachsen, war seine Meinung.

Wo sollte Gerd den Jungen suchen? Vielleicht war er gar nicht mehr in Kanada, sondern weitergereist in die USA oder nach Alaska. Dieser Kontinent war so riesig, da genügte es nicht, im Telefonbuch nach der Adresse eines Siegfried Wolters zu schauen.

Bernhards neues Haus stand fertig auf einem Hügel. Zwei Kinder spielten vor der Tür. Die Frau stellte die Frage, ob Gerd immer noch ledig sei. Das klang ein wenig vorwurfsvoll und so, als wollte sie diesen Zustand beenden und ihm eine passende Frau besorgen.

Nicht ledig, sondern verwitwet, antwortete er.

Läuft aufs Gleiche hinaus, meinte die Frau, die glaubte, jeder Mann brauche eine Frau.

Da er sein Erspartes für das Goggomobil ausgegeben hatte, musste er die Reise nach Kanada verschieben, ganz abgesehen davon, dass er nicht wusste, wohin er reisen sollte. Bernhard besaß wegen des kostspieligen Hausbaus kein Bargeld auf der Hand, um Gerd mit ein paar Hunderten auszuhelfen. Auto kaufen, nach Kanada reisen, eine Frau suchen: Das war ein bisschen viel auf einmal.

In Recklinghausen liefen männerlose Frauen genug herum. Er traf sie auf der Straße und in den Einkaufsläden, sah sie in die Kirche gehen und aus der Kirche kommen. Einige warteten zum Ende der Schicht an der Grube, um ihre Männer abzuholen. Geh' nicht an den Tresen, komm lieber zu mir, lautete ihre Botschaft.

Aber es gab keine Frau für Gerd Wolters. Das lag daran, dass er immer noch nach Annalena Ausschau hielt und nach seinem verlorenen Sohn. Obwohl er mitten in einer belebten Stadt wohnte, führte er ein einsames Leben. Er spürte die Einsamkeit nicht, sie tat auch nicht weh, denn in den Wäldern gewöhnt der Mensch sich an das Alleinsein, vor allem in den russischen Wäldern.

Blieb noch der Teutoburger Wald. Mit dem kleinen Auto war die Bergkette näher gekommen, er besuchte sie öfter und feierte dort Annalenas Geburtstag. Mit ihr unternahm er auch stundenlange Wanderungen bis zum Armin-Denkmal. Das war Geburtstagsfeier genug.

Verstehst du die Sache, so unterrichte deinen Nächsten, wenn nicht, so halte dein Maul.
Jesus Sirach

Serenata im Wald zu singen

Im Teutoburger Wald begegnete ihm Linda, eine Frau, die keinen Nachnamen besaß oder ihn nicht preisgeben mochte. Sie schien auch eine Zuneigung zu Wäldern zu haben, denn er sah, wie sie Bäume umarmte, auf dem Waldboden kniete und mit Blumen redete. Als er sie ansprach, antwortete sie mit „Guten Tag".

Er blieb stehen. Sie blieb auch stehen.

Sie ist so alt wie Annalena gewesen wäre, wenn der Krieg sie nicht umgebracht hätte, fiel ihm ein. Lockiges Haar wie Annalena, aber keine Schminke im Gesicht. Ihre Hände verbarg sie in grauen Arbeitshandschuhen.

Eine Weile gingen sie nebeneinander. Er nannte seinen Namen und erfuhr ihren Namen: Linda.

Also Lindenbaum.

Als er das sagte, lachte sie.

Kommt vom altdeutschen Linta und bedeutet so viel wie mild.

Mild sieht sie gerade nicht aus, fiel ihm ein. Du hast deine Frau im Krieg verloren, sie hat ihren Mann im Krieg verloren, dachte er. So wird es sein. Nun streift sie durch den Wald und umarmt Bäume.

Ich kümmere mich um die Natur, solange sie noch da ist, sagte Linda.

Ach so eine bist du, dachte Gerd.

Sie habe viel mit Kindern zu tun. Nicht mit eigenen, sondern mit denen in einem Heim in der Osnabrücker Vorstadt. Mit dem, was Männer und Frauen sonst noch miteinander treiben und was für viele das Wichtigste ist, schien sie wenig im Sinn zu haben. Küssen und Umarmen ging nur mit Kindern.

Als sie das andeutete, lachte er.

Für eigene Kinder hat es bei ihr nicht gereicht, dachte er. Du hast wenigstens einen Sohn, wenn er dir auch verlorengegangen ist. Sie hat gar nichts.

Von Linda erfuhr er viel über Bäume und die Beschaffenheit des Erdreichs, in dem sie wurzelten.

Hier ist kalkhaltiger Boden, der bekommt den Buchen gut, erklärte sie. Sie wusste auch, wie der Teutoburger Wald entstanden war, erwähnte die Gletscher des Nordens, die die Bergkette aufgetürmt und den Menschen zur Pflege vor die Füße gelegt hatten. In vorchristlicher Zeit waren die Bäume von heiligen Baumfrauen beseelt. Die gab es heute nicht mehr, deshalb musste Linda sich um die Bäume kümmern.

Sie kam ihm etwas wunderlich vor mit ihren heiligen Baumfrauen, aber es beeindruckte ihn, was sie alles wusste über die Welt der Bäume. Ihr Wissen gab sie nicht großspurig von sich, sondern eher bescheiden nebenbei.

Es drängte ihn, über sein Waldlager in Russland zu sprechen, wo ihn Bäume mit weiblichen Namen begleitet hatten. Heilig waren sie gerade nicht gewesen, sondern anstrengend und gefährlich. Als er die Jahre in einem russischen Waldlager erwähnte, hielt sie sich die Hände vors Gesicht. Elf Jahre Bäume fällen, das erschien Linda ein schweres Vergehen. Elf Jahre in einem Waldlager eingesperrt zu sein, erschien ihr weniger schlimm. Davon kam sie auch nicht ab, als er beteuerte, Bäume nicht gefällt, sondern nur zum Wasser geschafft zu haben. Für sie war es immer noch Waldraub. Sie erzählte von einem Verein, der sich um das Wohlergehen der Wälder kümmerte. In kleinen Gruppen machten die Vereinsmitglieder, meistens Frauen, Waldspaziergänge und sangen: „Wer hat dich, du schöner Wald, aufgebaut so hoch da droben?"

Als er von seiner Arbeit unter Tage sprach, lachte sie wieder. Dann bist du ja immer noch im Wald!

Sie wollte ihn für ihren Waldschutzverein gewinnen und verabredete sich für weitere Spaziergänge mit ihm. Beim Abschied streckte er seine Hand aus, aber sie verweigerte die ihre.

Was sollte er mit einer Frau anfangen, die Angst vor Männern hatte und lieber Bäume umarmte? Später sah er, wie Linda die Frauen ihres Vereins in den Arm nahm. Ihre Berührungsängste bezogen sich nur auf Männer. Was hatte sie gegen Männer?

Die Liebe zum Garten ist auch eine Form des Herrschens. Wir haben unsere Bäume und Rosen, die wir pflegen, über die wir gebieten, die wir versetzen, ausreißen, abhacken, wässern und füttern nach eigenem Gutdünken. Welch eine Macht!

Nie mehr nach Osten

Statt deinen entlaufenen Jungen zu suchen, solltest du dir eine neue Frau besorgen, meinte sein Stubennachbar in Recklinghausen, der an den Feiertagen zu seiner Familie ins Münsterland fuhr und dort alles bekam, was er brauchte. In unserem Kleindeutschland laufen genug Frauen herum, die einen Mann suchen. Die Männer haben den Krieg veranstaltet, viele sind gefallen und haben ihre Frauen allein gelassen. Also nimm dir eine.

Linda wäre eine solche Frau. Aber sie ließ sich nicht berühren. Was sollte er mit einer Frau anfangen, die bei jeder Berührung zusammenzuckte? Lieber träumte er von Annalena, sah sich mit ihr im Zelt am Ruhrfluss und erschrak, wenn er beim Erwachen das Gedenkkreuz der Bombentoten von Aschenfehn vor Augen hatte.

Als er Linda nach einem Waldspaziergang anbot, sie mit seinem Auto nach Osnabrück zu bringen, stieg sie tatsächlich ein. Er fuhr bis zu dem Kinderheim, in dem sie arbeitete und wohnte. Als sie ausstieg, sah er Schweißtropfen in ihrem Gesicht.

Wovor hast du Angst?, fragte er.

Sie lächelte nur und gab ihm wieder nicht die Hand.

Doch verabredeten sie sich für weitere Waldwanderungen.

Beim nächsten Treffen erzählte er von seinem Jungen, der nach Kanada ausgewandert war und den er nicht finden konnte.

Die kanadischen Wälder sind riesengroß, stellte Linda fest.

Er schlug vor, einmal mit dem Goggomobil auf der Interzonenstrecke von Helmstedt nach Berlin zu fahren, um die Sektorenstadt zu besuchen und die Mauer aus der Nähe zu sehen.

Linda schüttelte den Kopf. Nie mehr nach Osten!, lautete ihre Antwort.

Irgendetwas Schreckliches muss ihr dort zugestoßen sein, dachte er. Hing vermutlich mit dem Krieg zusammen. In ihren Augen war der Osten dunkel und der Westen hell. In Kanada schien nur die Sonne.

Er wagte nicht zu fragen, was sie im Osten Schlimmes erlebt hatte. Wenn Gerd nach elf Jahren Waldlager keine Sehnsucht nach dem Osten hatte, war es verständlich. Aber was war ihr zugestoßen?

Wie alt warst du, als der Krieg zu Ende ging?, fragte er.

Linda gab keine Antwort.

Sie verabredeten sich für den nächsten Sonntag um die gleiche Zeit für einen Waldspaziergang. Vor dem Wald hatte sie keine Angst.

Auf seine Zeitungsanzeige meldete sich niemand, also hinausgeworfenes Geld. Er schrieb an die kanadische Einwanderungsmission in der Hamburger Admiralitätstraße, die unter dem gleichen Dach residierte wie das deutsche Auswanderungsamt.

Wie kann ich meinen nach Kanada ausgewanderten Sohn finden?, fragte er. Da er ihn in den Wäldern vermutete, bat er, ihm Holzfällercamps zu benennen, in denen deutsche Auswanderer arbeiteten. Er wollte sie anschreiben und nach Siegfried Wolters fragen.

Die Antwort kam prompt. Es gebe zu viele Camps, große und kleine, die meisten ohne Namen. Es sei unmöglich, alle aufzuzählen.

Blieb noch die Sprache. In Gefangenschaft hatte er Russisch gelernt, „um nicht dumm zu bleiben", wie Sergej immer gesagt hatte. Nun übte er die Sprache, in der er seinen Sohn finden wollte. „Lernt Englisch im Londoner Rundfunk", hieß die Sendung, die mit „one, two, three" begann und mit „My Bonnie is over the ocean" endete. In Tschuwaschien hatte er die Namen der russischen Bäume buchstabiert, der Londoner Rundfunk befasste sich mit den kanadischen Bäumen. Danach wandte er sich sprachlich der Tierwelt zu, Gerd lernte die Mountain Goat kennen, hörte die Kojoten heulen und begegnete dem Timberwolf, der nicht anders heulte als die Wölfe in den russischen Wäldern.

Als er Linda von seinen Sprachübungen erzählte, erfuhr er, wie gut sie Englisch verstand. Sie hatte – da herrschte noch Krieg – Englisch in einer Prager Vorstadtschule gelernt. Ich hätte Russisch lernen sollen, sagte sie. Dann wäre ich mit den Kerlen besser fertig geworden.

Das also war es. Linda hatte schlechte Erfahrungen mit den „Kerlen" gemacht. Deshalb wollte sie vom Osten nichts wissen. Ihr Krieg endete 1945 in Prag, Gerds Krieg im russischen Gefangenenlager. Alles Unglück geschah im Osten.

Auf ihren Spaziergängen veranstalteten sie Sprachübungen. Auf seinen Wunsch hin begannen sie mit den Bäumen. Die Schwarzkiefer nannte Linda Pinus nigra. Das war nicht Russisch und nicht Englisch, sondern eine dritte Sprache, die sie auch verstand. Du bist eine gescheite Frau, Linda. Warum lässt du dich nicht berühren?

Dein Junge hat bestimmt Englisch gelernt, bevor er nach Kanada auswanderte, meinte sie. Nur weg aus dieser furchtbaren Gegend ins friedliche Kanada, hat er gedacht und fleißig mit dem Londoner Rundfunk geübt.

Willst du auch auswandern?, fragte Linda am Ende ihres Spaziergangs.

Das klang so, als würde sie gern mitkommen. Aber nur nach Westen.

Wenn ich nach Kanada fahre, dann nur, um den Jungen zu holen, sagte Gerd. Er gehört in dieses Land, Deutsch ist seine Sprache, seine Mutter war eine Deutsche und sein Vater ist es immer noch. Er gehört zu uns.

Linda schüttelte den Kopf. Dann zitierte sie einen Satz, den Gerd nicht kannte: „Steh zu deinem Volk, es ist dein angeborner Platz." Das ist aus „Wilhelm Tell" von Schiller, behauptete sie.

Sie gingen schweigend nebeneinander, bis Gerd fragte: Wie bist du eigentlich zum Wald gekommen?

Sie lachte laut. Als ich jung war und der Krieg zu Ende ging, musste ich in den Wald flüchten. Ich lief, bis ich keinen Menschen mehr traf. Fünf Nächte habe ich unter Bäumen geschlafen. Seitdem liebe ich Wälder.

Wir sind so gerne in der freien Natur, weil diese keine Meinung über uns hat.
Friedrich Nietzsche

Bäume umarmen

Es war Lindas Nähe, die ihn den Jungen vergessen ließ. Wochenlang verschwendete er keinen Gedanken an ihn, und wenn jemand nach seiner Familie fragte, konnte er sagen: Ich habe keine Frau und keine Kinder. Es kamen aber auch Zeiten, in denen ihn die Erinnerung einholte. Wenn er an Aschenfehn dachte, kam er in den Birkenwald, zum Denkmal für die Bombentoten, zu den Trümmern der Schule und der im Ententeich versunkenen Schwedenkate.

Auf seine Suchanzeige erhielt er nach langer Zeit einen Brief. Ein Armin Westphal aus Rheine schrieb, er habe vor Jahren Siegfried Wolters in einem Holzfällercamp in Ontario getroffen.

Diese Meldung kostete Gerd eine schlaflose Nacht. Ohne sich anzukündigen, fuhr er an einem Sonntag nach Rheine und klopfte an die Tür mit dem Namensschild Armin Westphal. Eine Frau öffnete, zwei kleine Kinder hingen an ihrer Schürze und freuten sich über den Besuch.

Er nannte seinen Namen. Im Hintergrund rumorte es. Armin Westphal erschien, ein untersetzter Mann, dem das Wirtschaftswunder zu einem ansehnlichen Bauch verholfen hatte. Westphal klopfte dem Besuch auf die Schulter, stellte zwei Flaschen Bier auf den Tisch und rief in die Küche, die Frau solle Kaffee kochen. Mit Bier und Kaffee gut versorgt, sprachen sie über Kanada und den Jungen. War der Siegfried Wolters, den Armin Westphal in Ontario kennengelernt hatte, jene Person, die Gerd suchte? Wie sah der Junge aus? War er groß oder klein? Gab es Ähnlichkeiten mit dem Vater? Gerd erzählte von den ersten drei Lebensjahren, die er mit dem Jungen in Aschenfehn verbracht hatte. Bis zu seiner Soldatenzeit. Nur gelegentlich war er in Wehrmachtsuniform auf Urlaub gekommen, zuletzt im Frühling 1944. Da traf er einen blonden Jungen mit blauen Augen, der gut singen konnte. „Jung Siegfried war ein stolzer Knab" hatte ihm der Großvater in Recklinghausen beigebracht. Das Lied sang er mit Inbrunst.

Zu der Zeit war Siegfried noch ein guter Name, bemerkte Armin Westphal. Gerd fragte nach einem Foto aus dem kanadischen Wald.

An Fotografieren dachte in unserem Camp kein Mensch, antwortete Armin Westphal. Er beschrieb den jungen Mann, wie er ihn in Erinnerung hatte. Schlank gewachsen, blondes Haar, braune Lederjacke, verwilderter Bart. Eines Abends saßen sie am Kaminfeuer, als draußen der erste Schnee fiel und sie über Old Germany sprachen und ihre Angehörigen, die dort lebten. Es gab ein sonderbares Zusammentreffen. Aus Russland kamen zu der Zeit die letzten Gefangenen nach Hause, in Deutschland marschierte eine neue Bundeswehr. Darüber sprachen sie am Kaminfeuer in Kanada.

Ich habe keinen Vater mehr, hatte Siegfried Wolters damals gesagt. Die Russen haben ihn gefangen genommen und behalten, vielleicht lebt er gar nicht mehr. Meine Mutter brachten die Flieger um. Bombentreffer drei Wochen vor Kriegsende. Dass es kanadische Bomber waren, erfuhr Armin Westphal erst von Gerd Wolters. Sein Sohn hatte damals die Herkunft der Bomber nicht genannt. Es konnten auch deutsche Flieger gewesen sein. Was sollte ich in dem furchtbaren Land anfangen? Mir blieb nur die Auswanderung.

Nach der Bemerkung vom „furchtbaren Land" bin ich aufgestanden und habe ihm gesagt, dass wir nichts Besseres haben, erklärte Armin Westphal. Wir gehören dazu, da ist unsere Muttersprache zu Hause, und wenn das Land in einem furchtbaren Zustand ist, müssen wir es besser machen. Wenn ich genug Dollars verdient habe, fahre ich zurück und baue mir ein Haus.

Armin Westphal zeigte auf die vier Wände seines Hauses. Das ist es, mein Haus, erbaut mit kanadischen Dollars, sagte er.

Er wunderte sich, warum der Junge keinen Brief nach Aschenfehn geschickt und nach seinem Vater gefragt hatte.

Auch in Kanada erfuhren wir von den Heimkehrertransporten aus Russland, sagte Westphal. Viele der Ausgewanderten fragten an, ob Verwandte oder Bekannte nach Hause gekommen seien. Warum schreibst du nicht auch an deinen Vater?, habe ich ihn gefragt. Dein Junge gab mir diese Antwort: Er war ein Soldat Hitlers. Mit solchen Menschen will ich nichts zu tun haben.

Nach diesem Satz holte Armin Westphal eine Buddel aus dem Schrank. Sie tranken einen Schnaps und schwiegen lange. Du solltest die Logging-Camps, die Sägewerke und Holzflößerstationen in Ontario besuchen, schlug Armin Westphal vor. Irgendwo wirst du den Jungen finden.

Nach dem zweiten Schnaps fragte Gerd: Warum bist du nach Deutschland zurückgekommen?

Armin Westphal zeigte auf sein Haus, die Frau und die Kinder. Drüben haben sie viele Wälder, aber wenige Frauen, sagte er und lachte. Ich brauche Menschen, nicht Bäume.

Dann erzählte er von der Akkordarbeit, die ihm im kanadischen Busch viel Geld eingebracht hatte. Mit den Dollars im Handgepäck reiste er nach Deutschland, suchte eine Frau und setzte mit ihr zwei Kinder in die Welt.

So macht man das, wenn du es im Leben zu etwas bringen willst, erklärte er stolz und schlug vor, nach Kanada zu reisen und mit der Suche in Kenora zu beginnen. Das sei der Ort, an dem er den Jungen damals getroffen hatte, eine kleine Stadt am Lake of the Woods, umgeben von Wasser und Wald. Von den Indianern in Kenora hat dein Junge immer geschwärmt, erklärte Armin Westphal. Ich glaube, er hatte auch eine Indianerfrau.

Gerd schüttelte den Kopf. Sein Junge arbeitete in den Wäldern und schlief mit einer Indianerfrau! Er konnte das nicht glauben.

Nach dem Besuch in Rheine fuhr Gerd zum Teutoburger Wald, um Linda die Neuigkeit zu erzählen. Sie klatschte in die Hände. Wenn du nach Kanada fährst, komme ich mit!, rief sie. Ich will richtige Wälder erleben und Mammutbäume umarmen.

Gerd wunderte sich über ihre Begeisterung. Wenn sie Mammutbäume umarmt, kann auch für dich eine Umarmung abfallen, dachte er.

Es wird ein teures Unternehmen, bemerkte er.

Linda lachte. Ich hab' Geld genug, um Kanada zu bezahlen. Wenn es nötig ist, kann ich dir helfen.

Sie sprach von einem Buch über die kanadischen Wälder, das sie in jungen Jahren gelesen hatte, als sie mit ihrem Studium anfing und eine Arbeit über Nordamerika schreiben sollte. Das wollte sie sich beschaffen.

Du hast studiert?, wunderte er sich.

Nur kurze Zeit. Als der Krieg kam, musste ich Überleben studieren.

In jenen Tagen hörten sie im Radio von Truppen aus Russland, Polen, Bulgarien und der DDR, die in der Tschechoslowakei ein großes Manöver veranstalten wollten.

Es fängt wieder an, klagte Linda. Und wieder ist es Prag. Es kommt immer näher. Schon sind fünftausend Menschen von Prag nach Deutschland geflüchtet, weil es zu Ende geht mit dem Prager Frühling. Es wird Zeit, nach Kanada zu fahren.

Voller Hoffnung zu reisen,
ist besser als anzukommen.
Robert Louis Stevenson

Poesie der Bäume

Sie kamen sich näher. Lindas Waldbuch und Gerds Londoner Rundfunk begleiteten ihre Reisevorbereitungen. Er schrieb an die Stadt Kenora, das heißt, Linda setzte den Brief auf, weil sie das auf Englisch besser konnte. Ob die Stadt helfen könne, einen Siegfried Wolters zu finden, der in einem Holzfällercamp in der Nähe arbeitet?

Am Tag vor ihrer Abreise war noch keine Antwort eingetroffen, sie reisten trotzdem. Nicht mit einem Schiff wie der Junge damals, sondern per Flugzeug, für beide der erste Flug ihres Lebens.

Flugzeuge haben wir nur im Krieg gesehen, erklärte Gerd. Linda erinnerte sich an das Wrack eines abgestürzten amerikanischen Bombers in der Nähe von Prag.

Gerd hatte russische Aufklärer am Himmel über der Ukraine gesehen, Tiefflieger über der Front und einen Fieseler Storch auf einem Dorfanger in Ostpreußen. Die Flugzeuge, die Annalena umgebracht hatten, kannte er nicht. Später erfuhr er, sie seien der Stolz der Royal Air Force gewesen.

Am Tag vor der Abreise veranstalteten sie eine kleine Feier mit Brötchen und Wein. Sie sprachen über ihre Reise, Linda über die Wälder, Gerd über den Jungen. Die Abschiedsfeier wäre eine gute Gelegenheit gewesen, sich Glück zu wünschen und zu umarmen. Dazu kam es nicht, weil Linda anderes im Sinn hatte. Sie musste sich von den Kindern ihres Heims verabschieden.

An einem Donnerstag bestiegen sie in Frankfurt eine Propellermaschine, die sie ins nordirische Shannon bringen sollte. Im Flugzeug schenkte Linda ihm ein Blatt Papier, das sie bemalt hatte mit bunten Bäumen und den dazugehörigen Texten.

Mein Lieblingsstammbaum, sagte sie lächelnd. Und so sah er aus:

Mensch und Baum

Die Linde: Mütterlich, aus weichem Holz. Schützend breitet sie ihre Zweige aus wie eine Glucke die Flügel über die Küken. Sie gibt Nahrung mit dem süßen Duft ihrer Blüten.

Die Birke: Ein blondes Mädchen, blauäugig, leichtfüßig und schnell. Die Haare wehen im Wind.

Die Fichte: Ein dunkelhaariges Mädchen, geheimnisvoll, verschlossen mit leuchtenden Mandelaugen.

Die Eiche: Ein Mann in bester Kraft, muskulös, knorrig, hart.

Die Buche: Ein Jüngling im Aufbruch, ungestüm, schlank und hell.

Die Esche: Ein alter Mann, grau, trocken, verhärtet, unbeugsam.

Die Weide: Eine alte Frau mit runzeligem Gesicht und grauen Fäden im Haar, am Wege sitzend, zahnlos, den schwarzen Rock weit ausgebreitet.

Klingt wie ein Gedicht, meinte Gerd. Warum hast du die Linde an die erste Stelle gesetzt?

Linda ist mein Baum, antwortete sie.

Nationalismus ist die kulturwidrigste Krankheit und Unvernunft, die es gibt.
Friedrich Nietzsche

Zu einer neuen Welt

Von Shannon ging es westwärts über den Ozean. Sie saßen nebeneinander, gelegentlich berührten sie sich. Als Linda einschlief, das geschah südlich von Island, legte sie den Kopf auf seinen Arm. So nahe waren sie sich nie zuvor gewesen.

Vor der Zwischenlandung in Neufundland wachte sie auf. Sie behauptete, den Wind der amerikanischen Weiten zu spüren und den Geruch der Wälder. Gerd fand den Wind nicht anders als in Tschuwaschien und Aschenfehn, behielt es aber für sich. Auch den besonderen Geruch der amerikanischen Wälder nahm seine Nase nicht wahr.

Sie flogen über endlose Waldflächen und ein Gewässer, das der Pilot St. Lawrence-Strom nannte. Linda erschrak, als sie nördlich des Flusses Eisflächen erblickte. So nahe sind wir dem Polarkreis schon, sagte sie. Wie viele Wälder könnten dort wachsen, wenn das Eis Wasser wäre. Wir brauchen Wälder, nicht Eis!

Ihr Flug endete in Toronto. Gerd bildete sich ein, Siegfried am Terminal zu treffen. Dort sollte er stehen und seinem Vater zuwinken.

Linda lachte ihn aus. Der Junge weiß nicht mal, dass sein Vater kommt.

Sie trafen viele, die auf die Fluggäste warteten und ihnen zuwinkten, aber keiner gab sich als Siegfried Wolters zu erkennen. Nach einer halben Stunde standen sie allein in der Ankunftshalle. Linda sprach beim Informationszentrum vor. Sie unterhielt sich auch mit einem Taxifahrer, wobei Gerd sich wunderte, dass sie besser Englisch sprach als der Mann am Lenkrad.

Also per Taxi die Yonge Street hinauf. Die Strecke kam Gerd so lang vor wie der Weg von Aschenfehn nach Papenburg. Sie hatte Hausnummern, die in die Tausende gingen. Als die Straße endlich ein Ende fand, hielten sie vor dem Hotel, das das Informationszentrum empfohlen hatte. Linda übernahm wieder das Gespräch bei der Ankunft. Für sie war es selbstverständlich, nur einen Raum für die Übernachtung zu buchen. Sie bestand aber auf getrennten Betten.

Gerd warf sich in den Sessel und schloss die Augen. Viele Jahre hatte er allein in einem Zimmer geschlafen, aber auf dem Wege nach Kenora erschien eine Frau namens Linda, die so tat, als gehöre sie in seine Schlafstube.

Vor dem Einschlafen sprachen sie über Kenora. Gerd hoffte, seinen Jungen zu treffen. Einfach so. Hallo, ich bin dein Vater!, wird er ihm zurufen, wenn er die Straße entlangkommt.

Linda hielt ein solches Zusammentreffen für unwahrscheinlich. Warum bist du eigentlich so hinter ihm her?, fragte sie.

Weil ich nichts anderes habe, antwortete er.

Es hätte nun die Antwort kommen müssen: Du hast doch mich. Aber das sagte sie nicht.

Am Morgen erkundigten sie sich nach Kenora.

Oh, das ist weit, sagte die Frau am Schalter und schlug vor, ein Auto zu mieten und damit auf dem Trans Canada-

Highway zu fahren. Auch Greyhoundbusse gingen auf dieser Strecke. Im Bus können die Reisenden schlafen und brauchen kein Hotel zu bezahlen.

Wir lieben die Natur, weil wir glauben,
ihr Grünen und Blühen sei nur für uns bestimmt.

Trans Canada-Highway

Mit dem Greyhoundbus westwärts. Etwa dreißig Fahrgäste warteten an der Haltestelle, mehr Männer als Frauen. In Deutschland gibt es zu viele Frauen, in Kanada zu viele Männer, dachte Gerd. Kommt alles vom Krieg. Einige unterhielten sich in deutscher Sprache.

In Kanada gibt es keine Einheimischen, bemerkte Linda. Wen du auch triffst, er ist von irgendwoher gekommen, nur die Indianer waren schon immer da. Die Irokesen nannten diese Gegend *kanata*. Daraus wurde Kanada.

Das erste Ziel ihrer Reise hieß North Bay. Dort gab es eine Pause, sie tranken Kaffee und aßen Cheeseburger.

Fährst du auch nach Winnipeg?, sprach ihn einer an, der der Sprache nach aus der Kölner Gegend kam. Den Namen Kenora hatte er noch nie gehört. Bisschen viel Wald hier, meinte er.

Es kann gar nicht genug Wald geben, mischte Linda sich ein.

Gerd sah, wie der andere den Kopf schüttelte.

Sind die großen Städte nicht auch Wälder, gewachsen aus Stein und Beton, bemerkte Gerd. In den russischen Wäldern gibt es noch richtige Bäume.

Warst du in Russland?, fragte der Kölner.

Elf Jahre! Das reicht für ein Leben.

Von North Bay führte der Trans Canada-Highway Richtung Sudbury und dann nur noch westwärts. Linda studierte die Wälder über ihr Buch, Gerd sah sie durchs Busfenster in der Wirklichkeit. Sie verpasste die Schwarzbären und Elche, die den Highway vor dem fahrenden Bus überquerten, weil sie Hemlock-Tannen, Willows, Sycamoren, Mapletrees, Tamarack-Lärchen und Weymouth-Kiefern aus ihrem Buch buchstabierte.

Als sie durch einen Birkenwald kamen, legte Linda ihr Waldbuch beiseite.

Die Birke ist der Paria unter den Bäumen, sagte sie. Die großen Eichen und Buchen blicken auf sie herab. Aber die Birke ist zäh, sie wächst und wächst und lässt sich nicht unterkriegen.

Gerd musste an seinen Birkenwald denken.

Cochran, Kapuskasing, Hearst klangen indianisch, es waren Ortsnamen aus der Zeit vor dem weißen Mann. Ab und zu trafen sie Indianerfamilien, die an Busbahnhöfen lagerten, die Reisenden musterten und Geschenke erwarteten. Der aus Köln schenkte einem Indianerjungen einen Quarter.

Das Wetter meinte es gut mit ihnen. Es war sonnig, aber nicht so warm wie in Toronto, weil der Nordwind frische Luft über die Wälder wehte.

Was willst du in Kenora?, fragte der Kölner.

Gerd erzählte ihm die Geschichte seines Jungen.

Wenn er im Busch arbeitet, wirst du ihn schwer finden, meinte der Kölner. Vielleicht über die Woodworker-Union. In größeren Camps müssen alle Arbeiter in der Gewerkschaft sein, die Union kann dir sagen, wo er steckt.

Linda fand in ihrem Buch ein Kapitel „Kanada als Rettungsplatz“, das sie vorlas:

„Immer wenn in Europa die Welt untergehen wollte, schickte der alte Kontinent seine leidenden Menschen westwärts in die neue Welt. In Kanada fällten und entrindeten sie Bäume, bauten Flöße, zogen Holzstämme durch Stauwehre, arbeiteten in Sägemühlen und schnitten Grubenholz, eine gefährliche Arbeit, bei der sich viele verletzten, im Holz starben oder mit den Flößen untergingen."

Zu diesem „Rettungsplatz" wollte ich nach dem Krieg auch auswandern, erklärte sie. Aber die Kommunisten, die damals in Prag herrschten, erlaubten es nicht.

Bist du keine Deutsche?, fragte der Kölner.

Ich war Deutsche. 1945 wurde ich Tschechin, dann wieder Deutsche, und jetzt bin ich gar nichts mehr.

Über dieses Hin und Her schüttelte der Kölner den Kopf. Jeder Mensch muss zu einem Volk gehören, sonst ist er gar nichts, meinte er.

Nachts wurde der Fahrer abgelöst. Linda schlief. Das Waldbuch lag in ihrem Schoß, und Gerd dachte an den Jungen, der die gleichen Sterne des Nordens sah wie sein Vater. Vielleicht waren sie sich schon nahe.

Nicht der Wald ist krank, die Menschen sind es.

Husky the Musky

Wie lange fährt ein Greyhoundbus von Toronto nach Kenora? Zweieinhalb Tage wusste einer, der die Strecke schon öfter gefahren war. Andere schätzten etwas mehr oder weniger.

Am frühen Morgen erreichten sie das Ziel. Linda und Gerd verließen als einzige Passagiere den Bus, die anderen Fahrgäste blickten ihnen mitleidig nach.

Was wollt ihr in dieser Einsamkeit?, meinte der Busfahrer, als sie ausstiegen. Hier gibt es nur Seen und Wälder und Indianer.

Wir lieben Seen und Wälder, antwortete Linda.

Ich suche meinen Jungen, sagte Gerd zu ihm. Der soll in einem Holzfällercamp am Lake of the Woods arbeiten.

Der Mann am Steuer schüttelte den Kopf. Da kannst du lange suchen, meinte er. In dieser Gegend gibt es vierzehntausend Inseln und unzählige Camps. Ein Menschenleben reicht nicht aus, um alle Inseln im Lake of the Woods zu besuchen.

Da standen sie nun an der Haltestelle und sahen den Bus davonfahren. Gerd hielt Ausschau nach einem jungen Mann, der auf ihn warten sollte. Linda wunderte sich über die vielen Indianer, die auch auf etwas zu warten schienen. Sie saßen am Straßenrand und tranken Bier.

Warum arbeiten sie nicht in den Wäldern?, wunderte sich Gerd.

Der weiße Mann hat ihnen die Wälder weggenommen, meinte Linda. Nun lungern sie in der Stadt herum und wissen nicht, was sie anfangen sollen.

Whiskeytrinken, bemerkte Gerd. In der Mainstreet trafen sie Indianer, die mit einer Flasche in der Hand herumspazierten. Das Auffallendste war: Sie konnten nicht lächeln.

Hinter Kenora heulten die Holzschlepper auf dem See, die Frühschicht hatte begonnen.

Komme mir vor wie ein weißer Rabe inmitten der vielen Rothäute, sagte Gerd.

Außer Seen und Wälder gab es noch Husky the Musky, den Riesenfisch, der die Stadt überragte und von allen Fremden, die vorbeikamen, fotografiert wurde.

Sie betraten eine Polizeistation und erzählten von ihrer Reise und der Suche nach Siegfried Wolters.

Das war der Royal Canadian Mounted Police noch nie vorgekommen. Ja, wenn der Junge etwas Strafbares angestellt hätte, stünde er wohl in ihren Papieren. Aber ohne Straftat ist er so frei wie ein Vogel und unauffindbar. Sie rieten zu einem Besuch bei der Royal Post of Canada.

Dort kannten sie zwar die Namen der Camps in der Umgebung, aber an Briefe für einen Siegfried Wolters erinnerte sich niemand.

So irrten sie unschlüssig durch die Straßen, bis sie eine Bootsanlegestelle erreichten. Dort wartete ein Ausflugsboot auf Gäste für eine zweistündige Fahrt nach Coney Island. Sie stiegen ein. Mit an Bord waren Touristen aus Michigan, die sich laut auf Englisch unterhielten.

Wenn du auf diesem Wasser weiter westwärts fährst, bist du bald in Manitoba, sagte einer, der neben Gerd stand und in die Tiefe blickte. In südlicher Richtung geht es zu unserem Michigan, das ist auch ein schönes Land. Weiter im Norden und Osten findet ihr nur Wald.

Angler saßen bewegungslos in ihren Kähnen und warteten auf ihren Husky. Holzflöße kreuzten ihren Weg. Sie wurden von kleinen Booten über den See zur Ontario-Minnesota Pulp and Paper Company geschleppt. Am See sahen sie Logging-Camps mit flachen Holzhäusern hinter einem Landesteg. Gerd wollte den kanadischen Waldmenschen bei der Arbeit zuschauen, um zu erfahren, ob es in diesen Wäldern genauso zuging wie in Russland.

Morgen werde ich ein Camp besuchen, sagte er zu Linda.

Sie wünschte keinen Abstecher zu den Holzfällern, wollte mit den Waldmördern, wie sie sie nannte, nichts zu schaffen haben. Wollte lieber in der Stadt bleiben, Kenoras Geschichte studieren und sich mit Indianern unterhalten.

Bevor Gerd sich mit einem See-Taxi zum nächsten Logging-Camp übersetzen ließ, buchten beide für die Nacht eine Unterkunft im Holiday Inn of Kenora, einem Hotel direkt am Wasser gelegen „with the best view in town“. Husky the Musky blickte durch ihr Fenster. Und wieder tauchte die Frage auf: ein Zimmer oder zwei? Getrennte Betten oder gemeinsam schlafen? Linda entschied die schwierige Frage so: ein gemeinsames Zimmer, aber getrennte Betten. So kamen sie sich näher.

Vor Wegweisern stehend, entscheiden wir uns für den großen Haufen, für die befahrene Straße, den ausgetretenen Pfad. Nichts fürchten wir mehr als die Wege ins Alleinsein.

Ein Waldlager

Es sah anders aus als das Lager in Tschuwaschien. Kein Stacheldraht, kein bewachtes Tor, keine Grabhügel hinter dem Zaun.

Wenn jemand stirbt, wird er mit dem Boot zum Friedhof in die Stadt gebracht und dort begraben, sagte ihm der Bootsführer, der ihn von Kenora ins Camp brachte.

Das Camp hieß Athabasca und besaß ein Office, in dem ein alter Mann Pfeife rauchte. Willst du bei uns arbeiten?, fragte er.

Nein, ich suche meinen Sohn.

Gerd versuchte, so gut es ging, die Geschichte von Siegfried Wolters auf Englisch zu erzählen.

Da kannst du lange suchen, antwortete der alte Mann. In Kanada geht jeder, wohin er will. Niemand weiß, ob der Gesuchte tot ist oder noch lebt.

Als Gerd erwähnte, dass er elf Jahre in russischen Wäldern zugebracht hatte, horchte der Mann auf. Vielleicht kannst du unseren Woodworkern erzählen, wie die Russen im Wald arbeiten, schlug er vor.

Gerd schüttelte den Kopf. Er wollte seine traurige Geschichte nicht zu neuem Leben erwecken, nicht Tschuwaschien in die kanadischen Wälder tragen. Er dachte nur an seinen Jungen.

Wie still es war. Es arbeiteten keine Kräne, keine Sägen lärmten, nur an der Landing, wo die Flößer die Stämme für die Fahrt über den See zusammenstellten, klatschte Wasser gegen das Holz.

Der Alte fragte, ob er eine Nacht im Camp verbringen wolle. Es seien noch Hütten frei. Er könne mit den Arbeitern, wenn sie aus dem Busch kämen, gemeinsam Abendbrot essen und ihnen von Tschuwaschien erzählen.

Gerd staunte über die Großzügigkeit, mit der er behandelt wurde. Per Telefon teilte der Alte dem Holiday Inn of Kenora mit, Gerd Wolters werde eine Nacht im Busch schlafen. Das sollten sie der Lady Linda ausrichten.

Gerd setzte sich an den Landesteg und wartete auf Feierabend. Vor ihm tuckerten Motorboote von einer Insel zur anderen. Ab und zu kam ein Truck, beladen mit Holz, und schüttete die Stämme in den See, wo sie herumdümpelten, bis die Flößer sie mit langen Stangen in Reih und Glied brachten.

Im Camp begegneten ihm alte Männer, die sich mit Nebensächlichem beschäftigten. Einige hackten Brennholz für die Öfen, andere trugen Wasser in die Duschräume.

Hier ist unser Altersheim, sagte einer im Vorbeigehen und lachte Gerd an. Das Camp ist unser Zuhause, hier werden wir den Rest des Lebens verbringen.

Als die Sonne untergehen wollte, kamen die Busse mit den Arbeitern ins Lager. Gerd musterte jeden Einzelnen, konnte aber keine Ähnlichkeit mit seinem Sohn finden. Sie zogen, ohne ein Wort zu sagen, an ihm vorbei, verschwanden in einem Duschraum, gingen von dort in ihre Hütten und kamen, als die Campsirene dreimal heulte, zur Essenbaracke ans Wasser.

Du kannst dich zu ihnen in die Reihe stellen, sagte der Mann aus dem Office. Er bekam wie die Arbeiter Pie mit Ham und Eggs, dazu gelbe Limonade.

Als alle Platz genommen hatten, trat der Alte vor.

Wir haben Besuch aus Old Germany!, rief er und zeigte auf Gerd. Er sucht seinen Sohn, der nach Kanada ausgewandert ist und in einem Holzfällercamp arbeiten soll. Habt ihr etwas von einem Siegfried Wolters gehört?

Keiner meldete sich.

Nach dem Essen kam einer, der die deutsche Sprache verstand, zu Gerd. Es gibt viele Camps und viele Arbeiter, sagte er. In einigen findest du hauptsächlich Indianer, in anderen Schweden und Germans. Viele Deutsche arbeiten in British Columbia. Vielleicht findest du deinen Jungen in den Wäldern bei Vancouver.

Er streckte den Arm aus und zeigte über den Lake of the Woods westwärts. Da ungefähr könnte dein Junge sein, sollte das heißen.

Bevor Gerd sich zum Schlafen in seine Hütte zurückzog, dachte er an Linda, die allein in der Stadt der Indianer die Nacht verbringen musste. Ihr kann nichts zustoßen, redete er sich ein. Sie spricht Englisch, und sie lässt sich nicht berühren.

Am Morgen weckte die Sirene die Campbewohner. Ein Arbeiter kam zu ihm an den Frühstückstisch und sagte: Versuch' es mal in Powell River. Der Ort liegt an der Strait of Georgia in British Columbia und hat die größte Papierfabrik der Welt. In der Nähe gibt es unzählige Camps, die Holz für die Fabrik liefern.

Einen silbernen Helm auf dem Kopf, an den Füßen Holzfällerstiefel, eine Flasche um den Hals gehängt und einen Beutel mit Verpflegung in der Hand – so zogen sie los zu ihrem Bus, der sie zur Arbeit in den Wald bringen sollte.

Gleich kommt das Postboot, sagte der Mann aus dem Office. Das nimmt dich mit nach Kenora. Da gibt es eine Papiermühle, in der kannst du nach deinem Jungen fragen. Die Mühle liegt auf der anderen Seite der Stadt, gleich neben dem Friedhof. Dort können sie dir zeigen, wie sich Bäume in Zeitungspapier verwandeln. Viele unserer Woodworker wechseln aus dem Camp in die Papiermühle. Da ist es lauter, aber sie verdienen mehr Geld.

Linda wartete auf ihn. Sie hatte versucht, mit den Indianern Englisch zu reden und die Namen der Bäume in ihrer Sprache zu erfahren. Doch das einzige Wort, das sie verstanden, hieß Whiskey.

Er erzählte ihr von den großen Camps in Kanadas Westen. Dass es da nicht mehr weit sei bis Sibirien, hinter Sibirien Tschuwaschien beginne und von dort die russische Eisenbahn bis nach Deutschland fahre, sagte er lieber nicht. Linda hätte es nicht verstanden.

Auf nach British-Columbia, rief sie.

Bedenken Sie, dass das Schrumpfen der Wälder mehr Land für den Ackerbau bedeutet – mehr Nahrung, mehr Geld, mehr Menschen, mehr Zufriedenheit.
Annie Proulx: „Aus hartem Holz“

Baumlose Prärie

Von Kenora sollte es nur ein Katzensprung nach Manitoba sein. Linda schwärmte von dem schönen Namen. Kommt bestimmt von den Indianern, vermutete sie. Sie übte schon Wörter, denn sie wollte sich mit den Indianern unterhalten, um zu erfahren, was sie von ihrem Land wussten.

Es war Lindas Idee, für die Weiterfahrt auf den Greyhoundbus zu verzichten und ein Auto zu mieten. Ein Auto gibt uns mehr Freiheit, sagte sie. Sie wollte beliebig anhalten, um durch den Wald zu spazieren oder an einem Flusslauf im Gras zu liegen. Im Bus fühlte sie sich eingesperrt, der Busfahrer kam ihr vor wie ein Gefängniswärter.

Natürlich kostete ein Mietauto Geld. Linda tat so, als spiele Geld keine Rolle. Sie hatte genug gespart, um sich dieses Symbol der Freiheit, wie sie das Auto nannte, leisten zu können.

Beim Autovermieter legte sie ihren Führerschein vor, ausgestellt vom Verkehrsamt Osnabrück im Jahre 1956. Gerd blickte ihr über die Schulter und sah schwarz auf weiß ihren Nachnamen: Rosengard. Du fährst mit einer Frau durch die Welt und erfährst nur zufällig ihren Nachnamen, wunderte er sich. Auch ihr Alter stand im Führerschein.

Als der Krieg zu Ende ging, warst du achtzehn Jahre alt, sagte er, als sie unterschrieben hatte.

Und wie alt warst du?, wollte Linda wissen.

Er überschlug die Jahre und kam auf die Zahl vierundzwanzig.

Wir haben beide unsere besten Jahre im Krieg verloren, bemerkte Linda.

Mir gaben sie als Zugabe noch das russische Waldlager, erklärte Gerd.

Sie erhielten einen Buick in gelber Farbe, der so lang war wie die Leiterwagen auf den Feldern im Ammerland. In Deutschland hätten sie es ein Angeberauto genannt, in Kanada war es nur gelb bemaltes Blech.

Ohne viel zu fragen, setzte Linda sich ans Steuer und brauste mit ihm davon. Gerd schaltete das Radio ein, Harry Belafonte sang das Bananaboot-Lied, und Linda summte die Melodie mit.

Nach einer Stunde Fahrt überquerten sie die Grenze zu Manitoba. Plötzlich bremste Linda scharf ab. Das Auto hielt mitten auf der Straße.

Was ist hier los!, rief sie, stieg aus und schaute sich die Landschaft an. Es gab keine Wälder mehr. In Ontario war der Greyhoundbus nur durch Wälder gefahren, in Manitoba empfing sie baumlose Prärie.

Wer hat das angerichtet?, wunderte sich Linda. Sie hielt Wälder für eine normale Oberfläche der Erde, Baumlosigkeit erschien ihr eine Folge menschlicher Frevel. Entweder haben die Farmer, die Amerika besiedelten und denen die Bäume im Weg standen, den Kahlschlag verursacht, oder sie haben Baumkrankheiten erfunden, damit aus Wäldern Ackerland werden konnte. Irgendwann wird die Krankheit auch das Ackerland umbringen.

Krieg hat es hier nicht gegeben, erklärte Gerd und erzählte vom Aschenfehner Birkenwald. Er versuchte, Linda zu trösten, indem er der Prärielandschaft Gutes abgewann und die Sonne früher auf- und später untergehen ließ, weil dem Sonnenlicht weniger Bäume im Weg standen. Es bleibt länger hell, du kannst weiter sehen, sagte er und lachte sie an.

Linda gab den Siedlern die Schuld, die das Waldland Amerika in Farmland verwandelt hatten, indem sie die Bäume niederbrannten. Sie dachte auch an Büffelherden, die durch die Landschaft gezogen waren und junge Bäume gefressen hatten. Wo Büffel zu Hause sind, kann es keinen Wald geben, meinte Linda.

Bei der Weiterfahrt setzte sich Gerd ans Steuer, und Linda studierte ihr Waldbuch. Das berichtete von einem Riesenfeuer, das im Jahre 1910 in Montana, Idaho und im östlichen Washington gewütet hatte. Es vernichtete innerhalb von zwei Tagen mehr als drei Millionen Morgen Nutzwälder. Die Flammen sprangen von Wipfel zu Wipfel und rasten über Hunderte von Meilen vor dem Wind, ein Feuer, wie es noch nie ein Mensch gesehen hatte. Damals flohen die Indianer über die Grenze nach Kanada, weil die kanadischen Wälder am Leben blieben.

Lindas Waldbuch deutete an, der weiße Mann könnte das große Feuer absichtlich gelegt haben. Jedenfalls wurden die Feuersbrünste damals nicht als Unglück empfunden, sondern als Rodung des Waldes, um Platz zu schaffen für die Farmer, die aus Europa gekommen waren, um am

Reichtum Amerikas teilzuhaben. Nicht Bäume sollten wachsen, sondern Weizen und Mais. Europa gab seinen Menschen nicht genug Nahrung. Darum wollten sie in Amerika auf eigenem Farmland Essen und Trinken finden. Vorher mussten die Wälder weichen, ein grausamer Umgang mit den Bäumen, die das Unglück schweigend hinnahmen.

Linda klappte das Buch zu.

Es gibt eben zu viele Menschen, sagte sie plötzlich. Um sie zu ernähren, muss die Natur weichen. Aber sie wird sich rächen, und wir werden es bezahlen müssen. Einen tröstlichen Gedanken gab ihr das Buch mit auf die Fahrt: Im Norden Kanadas war die Waldkette, die sich von Ost nach West über den Kontinent erstreckte, noch erhalten geblieben.

Die Deutschen: Sie sind von vorgestern und von übermorgen – sie haben noch kein Heute.
Friedrich Nietzsche

Next harvest 2020

Die Provinz Saskatchewan, wieder ein Indianername, empfing sie auch ohne Wälder. Die Baumlosigkeit schlug Linda so aufs Gemüt, dass sie nur wenig sprach und sich, wenn sie nicht am Steuer saß, in ihr Buch vertiefte. Bis zum fernen Horizont sah sie nichts, was sie interessierte. Im Auto spürte jeder die Wärme des anderen, die Wärme des Atems. Eine Männerstimme sang vom „Lonely wind".

An der Grenze zu Alberta trafen sie unweit des Highways einen Laubbaum, in dessen Schatten an die zwanzig Rinder lagerten. Was sagt dir dieses Bild?, fragte Linda im Vorbeifahren.

Den Tieren ist es zu heiß, antwortete er.

Eine Mutter beschützt ihre Kinder, erklärte sie.

So dachte Linda. Den Baum nannte sie Mutter, die Tiere waren die Kinder. Er wollte nicht über Lindas Baumnamen diskutieren und schwieg.

Wir haben keinen bekannten Menschen in diesem riesigen Land, nur uns beide, bemerkte sie.

Den Übergang von Saskatchewan zur Provinz Alberta spürten sie an den größer werdenden Bäumen. Als sie nach einer Stunde Rast machten, trafen sie einen Ranger, der ihnen seine Arbeit erklärte. Er rühmte sich der Bäume, die in seinem Bezirk wuchsen, als wären es seine persönlichen Schöpfungen. Ich habe viele Bäume, die ihr nicht zu zweit umarmen könnt, behauptete er.

Linda sprach von Sequoiadendron giganteum, ein Name, den der Ranger nicht kannte. Riesensequoia hießen sie in seiner Sprache.

Woher kannst du Latein?, fragte Gerd Linda.

Hab' ich gleich nach dem Krieg gelernt, als es nichts anderes zu lesen gab, antwortete sie und erwähnte Fagus sylvatica, die Rotbuche, einen Baum mit einem schönen Namen.

Der Ranger zeigte zu einem Waldstück, das unter seiner Aufsicht neu mit Fichten bepflanzt worden war. Ein Schild davor sagte:

New planted 1954 – next harvest 2020

Ein Gedenkstein mit Geburts- und Sterbedatum, fiel Linda dazu ein. Es steht schon in den Akten, wann die Sägen kommen.

Der Ranger schilderte die Ordnung, die in seinen Wäldern herrschte. Hier werden Bäume gefällt, dort werden Bäume gepflanzt. Siebzig Jahre bekommt jeder Baum, um zu leben und zu wachsen. Dann muss er jungen Bäumen weichen.

Linda hatte Mühe, dieser Baumphilosophie zu folgen. Sie wollte alles Leben, Wachsen und Sterben lieber den Bäumen überlassen und nicht den Rangern und ihren Listen.

Nicht die Mörder sind unter uns, sondern unsere Väter und Brüder, die schändlich missbraucht und schuldig gemacht wurden.

Bruder und Schwester

Sie fuhren durch ein einsames Land, vorbei an Rinderherden, die mit ihnen des Weges zogen, begleitet von Greyhoundbussen, die auch westwärts fuhren. Zum Ende eines Reisetages suchten sie einen Abstellplatz für den gelben Buick und für sich eine Schlafstelle. Meistens fanden sie Tankstellen, die einen Imbiss anboten und Holzhütten für die Nacht. Sie erlebten die Abendsonne und stellten fest, dass sie in der Prärie tatsächlich länger schien als in den Wäldern.

In ihrem Auto sitzend warteten sie, bis der gestirnte Himmel sichtbar wurde. Linda wickelte eine Decke um die Füße, es könnte kühl werden. Der junge Mann von der Tankstelle schaltete das Radio ein und hörte Country-Musik.

Linda fand sie zu laut für diese stille Landschaft. Damit verscheucht er die Nachtvögel, murmelte sie.

Als es noch lauter wurde, ging sie zu ihm und bat, das Radio abzustellen.

Country-Musik ist das Beste, das Kanada zu bieten hat, sagte der junge Mann lachend und erzählte von einem Fiddel-Festival, das in zwei Wochen in Montana stattfinden sollte. Er wollte wissen, woher sie kämen.

Aus Deutschland.

Ich dachte immer, die Deutschen lieben Musik, wunderte er sich. Und ihr wollt sie abstellen?

Wir haben zwei Weltkriege erlebt, die haben Lärm genug gemacht, sagte Linda. Mehr brauchen wir nicht.

Er stellte die Musik leiser, aber ganz ausschalten mochte er sie nicht, denn er hing an dem weiten, flachen Land mit seinen Country-Songs.

Das ist kanadische Freiheit, murmelte Linda. Du gehst hin, wo du willst. Du setzt dich auf Steine, auf Gras oder gefallene Bäume, und niemand kommt und sagt: Das tut man nicht.

Sie verbrachten eine sonderbare Nacht. Die Schreie der Nachtvögel mischten sich in die leise Musik. Weit in der Ferne blies einer Trompete.

Ob er denkt, wir sind Bruder und Schwester?, fragte Gerd.

Linda lachte. Es laufen so viele Männer und Frauen herum, die nur Bruder und Schwester sind, antwortete sie. Denen fehlt nur das Eine, aber darauf kommt es in unserem Alter auch nicht mehr an.

Mitten in der kanadischen Einsamkeit sprachen sie über ihr Leben. Wie wäre es, wenn wir auch heiraten und einfach hier bleiben, schlug er vor. Wir gehören zusammen. Was geht uns das ferne Deutschland an?

Der Trompeter spielte „Lili Marleen“. Die ist auch aus Deutschland ausgewandert und zieht durch die ganze Welt, meinte Gerd.

Linda schwieg. Sie zeigte auch nicht durch Kopfnicken oder Kopfschütteln, was sie von seinem Heiratsantrag hielt.

Wir sind aus unterschiedlichen Gründen hier, sagte sie später. Du suchst deinen Jungen, ich besuche die Wälder.

Als die Musik verstummte, sprach Linda über Bäume. Sie sind die friedlichsten aller Lebewesen. Sie schießen nicht, sie schlagen nicht, sie vergewaltigen nicht. Sie stehen schweigend im Wald und schütteln ihre Köpfe über acht Milliarden Menschen, die hektisch durch die Straßen laufen. Was sie für ihr Leben brauchen, nehmen sie nicht mit Gewalt von anderen Lebewesen, sondern aus der Luft, der Erde und dem Wasser.

Ob es auf anderen Planeten auch Wälder gibt?, fragte Gerd.

So etwas kommt nur auf der Erde vor, antwortete Linda und war sich da ganz sicher. Wir müssen aufpassen, dass wir die Wälder nicht verlieren.

Wenn ich den Jungen finde, bleibe ich mit ihm in Kanada, entschied Gerd.

Aber ich muss zurück, flüsterte Linda. In Osnabrück warten Kinder auf mich, und auf meinen Teutoburger Wald möchte ich auch nicht verzichten.

Wenn du zurückfährst, fahre ich auch, sagte Gerd und berührte ihren Arm.

Südlich von ihnen lag Montana. Linda hätte die Gegend gern besucht, schon des Namens wegen, aber dazwischen gab es eine unsichtbare Grenze, für die sie kein Visum besaßen.

Nur der Mensch baut Grenzen, schimpfte Linda. Zugvögel fliegen von Nord nach Süd und denken nicht an Grenzen. Der Wind weht, wie er will, die Wolken ziehen über alle Grenzen hinweg. Nur wir bringen es fertig, an der Grenze zu töten.

Als es völlig still war, auch die Nachtvögel schwiegen, fragte Gerd: Wolltest du niemals Kinder haben?

Sie zuckte zusammen. Ich hatte ein Kind, sagte Linda. Es hat nur eine Woche gelebt.

Warst du verheiratet?

Sie schüttelte den Kopf.

Wer war der Vater?

Einer von denen, sagte sie mit wegwerfender Handbewegung.

Damit hatten sich viele Fragen erledigt.

Die Kühle der Nacht schlich von den Wäldern im Norden zu ihnen in die Prärie. Es wird Zeit, die Hütte aufzusuchen und die Augen zu schließen, sagte er.

Hast du dir schon Gedanken gemacht, wie du einmal sterben willst?, fragte Linda, bevor sie einschlief.

Wie kannst du an diesem schönen Abend ans Sterben denken?, wunderte er sich. Eben noch sprachen wir von Kindern, jetzt redest du über den Tod.

Es ist fast dasselbe, flüsterte Linda. Allein auf einem Waldspaziergang im Juni. Plötzlich eine sehnsuchtsvolle Müdigkeit. Du setzt dich an einen Baum, um auszuruhen, schließt die Augen und öffnest sie nie wieder.

Wir sind noch zu jung, um so etwas zu denken, sagte Gerd. Ohne neues Leben zu schaffen, darf niemand davongehen.

Wir haben genug getan, sagte Linda.

Gerd konnte nicht einschlafen. So nahe war er Linda noch nie gewesen wie in dieser Nacht in der Prärie.

Im Altertum hatte jeder Baum, jede Quelle, jeder Fluss, jeder Berg einen eigenen Schutzgeist, den genius loci. Diese Geister waren für Menschen wahrnehmbar, aber den Menschen nicht ähnlich.
Lynn White jr.

In einer Papierfabrik

Linda wäre gern über die Grenze gefahren, um zu sehen, was in Montana nach dem großen Feuer übriggeblieben war. Aber sie besaßen kein Visum. Auch Mammutbäume, die weiter im Süden wuchsen, konnte sie wegen der fehlenden Papiere nicht umarmen. So geht das mit den Grenzen, sie stehen immer im Weg.

Es blieb ihnen nichts anderes übrig, als auf der kanadischen Seite weiterzufahren, einer Grenze entgegen, die Meer und Festland trennt. Berge und Wälder gab es genug an ihrem Weg. Linda war begeistert von den bewaldeten Bergen der Coast Mountains in British Columbia. Dahinter warteten die Badestrände der Sunshine Coast und die schönste Insel des Kontinents, über die der Wind vom Ozean her jenen Regen brachte, der die Bäume wachsen ließ. Lindas Buch erklärte das Zusammenspiel von Wasser und Wald: Der Prärie mangelt es an Niederschlägen, darum fehlen ihr die großen Bäume. Ontario bekommt ausreichend Wasser von den vielen Schneefällen des Winters, also wachsen dort Wälder. An der Westküste bringen die Regenwolken vom Meer genug Wasser ins Land und lassen riesige Bäume wachsen. Linda wollte die sonderbaren Bäume besuchen, Gerd dachte eher an die Holzfällercamps, die den Segen der Wälder ernteten.

Suche deinen Jungen in der Gegend von Powell River, der Papierhauptstadt der Welt, hatte der Holzfäller in Kenora zu ihm gesagt. Nun waren sie angekommen und machten sich auf die Suche, Linda nach ihren Bäumen, Gerd nach seinem Jungen. In Westview, kurz vor Powell River, endete ihre Reise. Sie zogen in ein Holzhaus, parkten den Buick vor der Tür und erledigten auf getrennten Wegen das, was jedem am Herzen lag. Linda blieb bei den Wäldern, weil ihr Powell River mit seinen Sägen, Flößen, Schiffen und Kränen zu laut war. Auch das Brummen der Holztrucks und das Ächzen der Boote im Hafen empfand sie als störend. Sie suchte eine Stelle am stillen Haslam Lake, wo sie im warmen Wasser baden konnte, während am anderen Ufer der Rauch aus den Schornsteinen der Papierfabrik über die Wälder schwebte.

Also ging er allein zur größten aller Papierfabriken. Zwei Schornsteine bliesen Rauch zu den Bergen. Davor lag ein Hafenbecken, nicht voller Schiffe, sondern mit Holzflößen, die ins Sägewerk gezogen und dort zermahlen werden sollten, um als weiße Papierballen zum Vorschein zu kommen. Die Papierballen reisten per Schiff zu den Häfen der Welt und wurden mit Schreckensmeldungen aller Art bedruckt. Linda behauptete, die Welt wäre friedlicher, wenn die Zeitungen weniger Papier bekämen. Mit den schwarzen Buchstaben druckten sie schwarze Geschichten und machten die Welt immer düsterer.

In Powell River gab es einen Flugplatz für kleine Propellermaschinen, mit denen die Arbeiter nach Vancouver fliegen und dort eine Nacht in der Granville verbringen konnten. Auch ein Staudamm ließ sich besichtigen, der das Wasser zurückhielt, in dem die Baumstämme zu Tal kamen. Schleusen sorgten dafür, dass es kontrolliert in die Tiefe stürzte und sich seinen Weg zur Strait of Georgia bahnte.

Mein Sohn hat hier gearbeitet, sagte er zu dem Pförtner der Papierfabrik.

Das schien den nicht sonderlich zu beeindrucken, denn es hatten schon Tausende in dieser Mühle gearbeitet, waren gekommen und gegangen wie die Baumstämme aus den Bergen. Als Gerd ihm seine Geschichte und die seines Sohnes erzählte, raufte der Mann sich die Haare.

Kanada ist eine schlechte Gegend, um verlorene Söhne zu suchen, meinte er. In unseren Wäldern kannst du dich leicht verlaufen. Die meisten Besucher aus Europa sind an Tieren interessiert, nicht an Menschen und Bäumen. Sie wollen Bären sehen und den Timberwolf heulen hören. Wenn du Menschen suchst, solltest du in die Stadt fahren. Da leben sie zu Tausenden in ihren Termitenhügeln, und keiner kennt den anderen. Frage in Vancouver nach deinem Siegfried. Die werden dir viel erzählen.

Gerd wollte wissen, ob er die Camps besuchen dürfe, in denen der Junge gelebt und gearbeitet hatte.

Der Pförtner schüttelte den Kopf. Du weißt gar nicht, in welchem Camp er war, meinte er. Sightseeing in Logging-Camps ist zu gefährlich. Er zählte einige Campnamen auf: O'Brien Logging-Company, MacMillan Bloedel Limited. Schließlich erwähnte er die große Waldfirma Weyerhaeuser, die alles wusste, was mit Bäumen zu tun hatte.

Gerd erfuhr, welche Art Arbeit dort zu verrichten war. Als Choker-Man könnte er Stahlseile über die Hänge schleppen und um gefällte Bäume schlingen, damit sie von großen Maschinen ins Tal gezogen werden können. Als Whistle Punk bläst er Signale vom Berg zur Maschine. Als Holzfäller sägt er Bäume ab und schneidet sie in Stücke. Holzfäller verdienen die meisten Dollars im Busch, erklärte der Pförtner.

Schließlich gab er ihm die Adresse der kanadischen Woodworker-Gewerkschaft, die ein Büro in Powell River unterhielt. In den meisten Camps können nur Gewerkschaftsmitglieder arbeiten, sagte er. Vielleicht weiß die Gewerkschaft, wo dein Junge steckt.

Im Büro der Gewerkschaft blickten sie in die Mitgliederlisten. Einen Siegfried Wolters gab es. Wo er sich aufhielt und arbeitete, wusste niemand.

So frei ist dieses Kanada.

Als er Linda von seinem Besuch in der Papierfabrik und im Gewerkschaftsbüro erzählte, schüttelte sie den Kopf. Lieber Bäume als Menschen suchen, meinte sie.

Gerd spürte, wie sich ihre Wege trennten. Linda mit ihren Bäumen, er mit seinem Jungen. Nur zum Essen kamen sie zusammen und sprachen über ihre Ausflüge.

Sie hatte die Ponderosa Pine und die White Cedar gefunden, beschrieb ihre Rinde und malte Blätter auf ein Stück Papier. Als nächstes wollte sie die Douglas Fir besuchen und Redwoodbäume finden, wenn es die hier im Norden überhaupt gab.

Für Gerd waren es traurige Abende. Er hatte das Ende der kanadischen Welt erreicht, ohne eine Spur von dem Jungen zu finden. Und Linda konnte ihm nicht helfen. An Armin Westphal in Rheine schrieb er: „Ich habe die Gegend um Kenora abgewandert, auch per Schiff den See überquert. Nun bin ich an der Westküste Kanadas gelandet und suche weiter. Schöne Gegend hier, aber keine Spur von dem Jungen."

Linda las den Text und schüttelte den Kopf.

Die wahre Natur ist grausam und unwirtlich.
Was wir lieben, ist die gestaltete Natur,
eine menschliche Kulturleistung, ein Bild,
das wir uns von der Natur gemacht haben.

Zur Insel

Nach drei Tagen verließen sie Westview, um näher ans Meer zu kommen.

Sie wollten die schönste Insel des amerikanischen Kontinents besuchen. So war Vancouver Island in Lindas Waldbuch beschrieben. Und im Westen der Insel kamen sie dem größten aller Ozeane nahe. Holzfällercamps kamen Linda nicht in den Sinn. An die dachte nur Gerd Wolters.

Die Black-Ball-Fähre brachte sie von Horseshoe-Bay hinüber zur Insel. Hinter ihnen ragten die Küstenberge in den Himmel, zum Teil schon mit Schnee bedeckt. Der Rauch aus den Schornsteinen der Stadt verfolgte sie bis zum Fährhafen Nanaimo.

Gerd hätte gern Port Alberni besucht, das ihm als größtes aller Holzfällercamps genannt worden war. Linda schüttelte nur den Kopf. Nicht schon wieder ins Holz!

Auch das Sproat Lake Camp, auf einer Insel gelegen, fand sie nicht besuchenswert. Gerd hatte den Eindruck, Linda hielt Holzfällercamps für Stätten der Verwüstung, um die sie einen Bogen machen sollten.

Ohne viel zu reden, durchquerten sie die Insel von Ost nach West und standen plötzlich am Steilhang vor dem Meer. Nach Norden und Süden ging ein weißes Band, davor lag nasser Sand, sie sahen keinen Mensch weit und breit.

Gerd fand wenig Bewundernswertes an dem weißen Brandungsstreifen. Das Meer im Westen erschien ihm eine unüberwindbare Mauer. Er fühlte sich wie einer, der am Ende der Welt angekommen war.

Ganz anders Linda. Wie Gottesdienst, sagte sie.

Gerd fielen die Strände des Mittelmeeres ein, an denen es mehr Menschen als Wasser gab. Hier konnte er stundenlang wandern, ohne einem Menschen zu begegnen.

Er setzte sich auf einen Felsen und blickte über das Meer.

Dort liegen deine russischen Wälder, sagte Linda und streckte ihren Arm aus.

Ob ich Tschuwaschien noch einmal sehen werde?, fragte er.

Du bist lange genug in Russland gewesen, in diesem Leben solltest du da nicht mehr hinfahren, meinte Linda.

Trotz des herrlichen Küstenbandes war ihnen die Insel eine Enttäuschung. Ja, es gab große Wälder, es gab aber auch zahllose Logging-Camps, deren Sägelärm sie verfolgte, sobald sie den Motor abstellten und die Autotür öffneten. Häufig fuhren sie an verwüsteten Waldstücken vorbei. Die Holzfäller hatten sich die größten Bäume genommen und den Rest verstümmelt zurückgelassen.

Alles wächst nach, erklärte ihnen ein Ranger, den sie auf einem Parkplatz trafen. In fünfzig Jahren findet ihr wieder die schönsten Wälder.

So viel Zeit haben wir nicht, antwortete Linda.

Er schilderte die Feuersbrünste, die Jahr für Jahr die Wälder heimsuchten. Die meisten Feuer entstehen durch Blitzschlag, andere werden von Waldarbeitern absichtlich gelegt. Sie glauben, Waldbrände seien nützlich, um die Wälder für neue Anpflanzungen vorzubereiten. In der Asche alter Wälder wachsen junge Bäume besonders gut. Es kommt allein aufs Wachsen an. Nur im Wachsen sammeln die Bäume Kohlenstoff und speichern ihn in Ästen und Wurzeln. Ausgewachsene Bäume können nicht mehr viel speichern, sie sind überflüssig und müssen entfernt werden, um neuen Bäumen Platz zu machen.

Zu dieser Waldphilosophie wusste Linda kein Wort zu sagen, es stand auch nichts davon in ihrem Waldbuch. Sie zweifelte daran, ob es recht war, so mit Wäldern umzugehen. Auch ein ausgewachsener Baum hatte ein Recht auf Leben. Wir bringen doch keine alten Leute zum Friedhof, damit kleine Kinder in ihren Betten Platz finden, sagte sie.

Sie streifte allein durch den Wald, während Gerd vor dem Auto saß und an das Ende ihrer Reise dachte. Bei der Rückkehr zeigte sie ihm eine Handvoll Setzlinge, die sie ausgegraben hatte. Als Werkzeug hatte sie einen Esslöffel benutzt, der bei einem Mittagessen in ihrer Tasche verschwunden war.

Nehme ich mit in den Teutoburger Wald, erklärte sie lachend. Sie begeisterte der Gedanke, Bäume von der Pazifikküste vor der eigenen Haustür einzupflanzen.

Du hast wenigstens etwas gefunden, sagte er. Ich habe nichts.

Sie wässerte die kleinen Bäumchen und gab sie in eine Plastiktüte, versah sie mit einem Zettel, auf dem

Name, Fundort und Datum geschrieben stand. Ihre größte Sorge war, die Pflänzchen könnten auf dem Flug nach Europa vertrocknen. Oder die Zollbeamten hüben oder drüben würden sich über die Pflanzen so sehr wundern, dass sie ihnen die Weiterreise verweigerten. Linda versteckte die Bäumchen unten im Koffer in ihrer Wäsche.

Sie besuchten die Stadt Victoria, von der sie gehört hatten, sie sei eine der wenigen Städte Amerikas, die an Europa erinnerte. So war es. Linda vergaß die Waldbrände und die Holzfällercamps, sie setzte sich an den Strand und sah den Kindern zu, die im Wasser spielten, während Gerd noch einen Brief an Armin Westphal in Rheine schrieb: „Ich habe meinen Jungen auch an der Westküste nicht gefunden. Alles umsonst!"

Als er Linda den Brief zeigte, fragte sie: Warum suchst du so hartnäckig deinen Jungen? Hätte sie nicht hinzufügen können: Lass den Jungen, du hast doch mich!

Aber das sagte sie nicht. Es blieb nur ein Satz im Raum, der Gerd einen Schrecken einjagte: Vielleicht will der Junge mit seinem Vater nichts zu tun haben?

Du suchst Bäume, ich suche den Jungen, erklärte er. Jeder Mensch muss etwas suchen. Ob er das Gesuchte findet, ist eine andere Sache.

Schweigen schadet dir nicht.
Jesus Sirach

Abschied von Kanada

Die Stadt Vancouver, von der die Reiseprospekte behaupteten, sie sei die schönste Amerikas, war ihre letzte Station in Kanada. Am frühen Morgen verließen sie die Fähre in Horseshoe Bay, noch lag Nebel über dem Wasser. Linda saß am Steuer. Ohne ein Wort zu verlieren, suchte sie den Weg zur Innenstadt, um von dort zur Südseite zu fahren, wo sie den internationalen Flughafen ausgemacht hatte. Gerd hätte sich noch gern dieses oder jenes angesehen, aber Linda dachte nur an Abreise.

Bevor sie das Auto abgaben, tankten sie in der Nähe der Lions Gate Bridge. Wenn ihr noch ein paar Stunden Zeit habt, solltet ihr den Stanley Park besuchen, meinte der Mann von der Tankstelle und erwähnte die exotischen Bäume, die in dem Park wuchsen.

Bei dem Wort Bäume horchte Linda auf. Gleich nach der Lions Gate Bridge hielt sie an, um Bäume anzuschauen. Sie ragten in den Himmel und waren für Umarmungen wegen ihres Umfangs nicht geeignet. In ihrem Buch fand Linda die Namen in lateinischer Sprache. Sie redete mit ihnen, fragte nach Alter und Herkunft. Und dann fand sie die feuerfesten Bäume, die eine so dicke Borke besaßen, dass sie schwer brennen konnten: Western Larch, Douglas Fir und Ponderosa Pine. Die Lodgepole Pine brauchte einmal im Jahr Feuer, weil ihre Samenkörner nur bei Hitze platzten.

Am Ende ihres Rundgangs kaufte Linda in einem Kiosk ein Buch über die gigantischen Redwoods in Kalifornien. Lesestoff für die Rückreise, erklärte sie.

Er wäre gern mit ihr durch Downtown gewandert, hätte noch eine Abschiedsmahlzeit Smoked Salmon gegessen und wäre die Granville entlangspaziert, aber Linda wollte zum Flughafen. Auf dem Weg dorthin erreichten sie den oberen Teil des Rotlichtmilieus. Linda hielt plötzlich an.

Wenn du Lust hast, kannst du da hineingehen. Mir macht es nichts aus, ich werde auf dich warten.

Gerd schüttelte den Kopf. Ich habe doch dich, sagte er.

Sie lachte ihn an, dann fuhr sie weiter an den Bordellen vorbei zum Flughafen. Sie hatten viel Zeit, Linda las in ihrem Buch, und Gerd wanderte in den Hallen auf und ab. Von der Aussichtsplattform sah er die Berge im Norden. Sie waren schneebedeckt. Das muss das Whistler Skigebiet sein, dachte er. Im Winter ist es hier auch schön.

Linda schlug vor, im nächsten Jahr die kalifornischen Redwoods zu besuchen. Aus ihrem Buch wusste sie, dass diese Bäume über hundert Meter hoch wachsen und keine Angst vor dem Feuer haben. Sie überleben die kalifornischen Waldbrände.

Wenn die Erinnerung an die Jugend nicht wäre,
würde man das Alter nicht verspüren.
Georg Christoph Lichtenberg

Zurück in die Kälte

Aufbruch nach Osten, wieder einmal nach Osten. Während des Starts sagte keiner ein Wort. Auch danach schwiegen beide, bis unter ihnen die Wälder auftauchten, die den Kontinent umspannten.

Dass wir das noch erleben dürfen, flüsterte Linda und zeigte in die Tiefe.

Sie fürchtete, es werde bald zu Ende gehen mit den Wäldern. Nicht die Feuer, sondern die Holzfäller sind die größten Zerstörer des Waldes, las sie aus ihrem Buch vor.

In zehn Jahren wollte sie zurückkehren, um zu sehen, was aus den kanadischen Wäldern geworden war. Vorher wollte sie die Redwoods in Kalifornien besuchen.

Mein Gott, zehn Jahre! Was wird in der Zeit alles verbrannt, geschlagen und neu gewachsen sein! Nach den vielen Jahren, die er in Russland erlebt hatte, mochte Gerd nicht schon wieder in hohen Zahlen denken. Bald bist du Rentner, und dein Junge ist immer noch verschollen. Die Vorstellung, dass sein Siegfried in einem der Waldcamps lebte, die sie überflogen, machte ihn traurig.

Die beiden Heimreisenden entfernten sich innerlich immer mehr voneinander. Linda beschäftigte sich mit den Wäldern, und er mit dem Jungen. Für sie war diese Reise ein Naturerlebnis gewesen, für ihn unnütze Geldausgabe, denn er hatte den Jungen nicht gefunden.

Eine Sensation hatte Linda noch zu berichten. Das war die Eastern White Pine, die sie im Nordosten überflogen. 45 Meter hoch, erklärte Linda, bevorzugter Nistplatz der Adler. In England erließen sie ein Gesetz, das die White Pine für die Krone reservierte, die Royal Navy brauchte sie als Schiffsmasten. In den USA war der Baum das Symbol amerikanischer Unabhängigkeit.

Nach der Prärie ging es zum Eismeer. Aus der Höhe nahmen sie wahr, wie die Bäume kleiner wurden und in der Landschaft weiße Schneeplacken leuchteten. Schließlich sahen sie ewiges Eis. Linda kam auf den Gedanken, eine Wasserpipeline vom Eismeer zur Prärie zu bauen und die Mitte Kanadas mit Wasser zu versorgen, damit die Wälder gut wachsen können.

Sie bauen lieber Ölpipelines, schimpfte sie. Wir brauchen auch Wasserleitungen.

Was geschieht, wenn das Eis schmilzt?, fragte Gerd das Waldbuch.

Linda sah den Nordpol im Trockenen liegen. Das Schmelzwasser ließ sie südwärts fluten, damit die Wälder Gelegenheit bekamen, sich auszubreiten. Aus dem Mehr an Wasser wachsen neue Wälder, behauptete sie. Wasser ist Leben, Eis ist der Tod.

Gerd mochte über Leben und Tod nicht weiter nachdenken. Er neigte dazu, es so zu belassen, wie sie es dort unten sahen. Weder die Nordsee im Packeis untergehen lassen, noch dem Polarmeer das Eis nehmen. Warum immer ändern? Warum nicht die Hände in den Schoß legen und die Natur machen lassen? Linda aber wollte etwas tun und nicht abwarten, ob die Meere wachsen oder schrumpfen.

So unterhielten sie sich, bis die Nacht hereinbrach und unter ihnen die Welt dunkel wurde, der Wald und das Eis verschwanden. Bevor sie einschlief, versprach Linda, ein Urlaubsalbum anzulegen, damit sie in zehn Jahren anhand der Bilder feststellen konnten, was sich geändert hatte.

Ach, du mit deinen zehn Jahren, brummte er.

Wie sie sich entfernten, nicht nur von Kanada und seinen Wäldern, auch von sich selbst. Je weiter sie nach Osten flogen, desto mehr spürte er eine heraufziehende Kälte. Das war kein Klima für Umarmungen. Er studierte, während sie schlief, ihr Gesicht. Es schien ihm, als hätte es keine Gefühle mehr für Gerd Wolters. Hatte Linda ihn nur mitgenommen auf ihrer Waldreise, weil sie Gesellschaft brauchte?

Den atlantischen Ozean mit seinen südwärts driftenden Eisbergen verschliefen beide. Europa empfing sie im Regen. Da hast du dein Wasser, sagte Gerd und zeigte zu den Wellenbergen der Irischen See.

Linda fand im westlichen Europa kaum Wälder, dafür viele felsige Inseln, auf denen keine Bäume wachsen konnten.

Bei der Landung regnete es immer noch. Wie fröhliche Heimkehrer traten sie nicht auf. Am Schalter warteten sie lange auf ihr Gepäck. Während des Wartens kam ein Zeitungsverkäufer vorbei und rief eine Meldung aus, die Linda erschreckte: Russische Panzer in Prag!

Sie schlug die Hände vors Gesicht. Wenn sie in Prag sind, kommen sie auch zu uns. Wir hätten in Kanada bleiben sollen.

Die Zeitung schrieb von russischen, polnischen, bulgarischen und DDR-Truppen, die in Prag einmarschiert seien. Auch die DDR kann Krieg spielen, bemerkte Gerd und schüttelte den Kopf.

Die Zeitungsmeldung wühlte Linda so auf, dass sie sich nicht ordentlich verabschieden konnten. Kein Gedanke an Küssen und Umarmen, es genügte ein schlichtes Tschüss.

Bis bald, sagte sie. Gerd dachte an die zehn Jahre.

Er wollte mit der Bahn nach Recklinghausen fahren, Linda nach Osnabrück. Beide befassten sich mit ihren Fahrplänen und hatten keine Zeit mehr für den anderen. Dann doch noch eine Bemerkung: Ich habe genug von den toten Wäldern in der Grube, sagte Gerd. Ich will zum Licht des lebendigen Waldes.

Das verstand sie nicht, bis er erklärte, er werde an die Forstverwaltung des Teutoburger Waldes schreiben und um eine Anstellung als Forstgehilfe bitten. Zwölf Jahre habe ich in russischen Wäldern gearbeitet, wird er schreiben. Das sollte Walderfahrung genug sein. Wenn es klappt, werde ich in deiner Nähe wohnen.

Ich kann dich nicht aufnehmen, erklärte Linda.

Da war sie wieder, die Rühr-mich-nicht-an-Haltung. In Kanada waren sie sich nähergekommen, in Deutschland entfernten sie sich. Musste wohl an diesem sonderbaren Land liegen.

Es genügt mir, in deiner Nähe zu wohnen, sagte er. Vielleicht können wir gelegentlich durch den Wald wandern. Mehr brauche ich nicht.

Das war's. Jeder begab sich zu seinem Bahnsteig und wartete auf seinen Zug. Vor der Abfahrt telefonierte Gerd mit Herrn Fröhlich und fragte, ob Siegfried sich gemeldet hätte. Hatte er nicht.

Vergiss den Jungen, rief Linda vom anderen Bahnsteig und winkte ihm zu.

Ihr Zug lief zuerst ein.

Wer die Vergangenheit bereisen will, muss auf den Friedhöfen beginnen.

Einsamer Wolf

Er wollte mit ihr in Verbindung bleiben, aber sie meldete sich nicht. Keine Postkarte mit ihrer Handschrift, kein „Bin-gut-angekommen". Ihr Telefon läutete, und niemand nahm ab. Was war los mit Linda? Er spürte plötzlich, wie sie ihm fehlte.

An einem Sonntagmorgen fuhr er in die Osnabrücker Vorstadt und parkte sein Auto vor dem Kinderheim. Sie ist nach Berlin gefahren, erklärte ihm die Frau am Eingang.

Linda nach Berlin? Die Stadt war ihr doch ein Gräuel, weil sie im Osten lag und alles Östliche Linda verdächtig vorkam. Vor Wochen hatte er ihr angeboten, nach Berlin zu fahren, aber sie hatte nur den Kopf geschüttelt. Nun war sie in Berlin.

Sie trifft eine Bekannte aus Prag, die mit fünftausend anderen Flüchtlingen aus der Tschechoslowakei gekommen ist, erklärte die Frau vor dem Kinderheim.

Gerd hatte den Flüchtlingsstrom aus Prag nicht richtig wahrgenommen, weil auch ihn der Osten mehr erschreckte als anrührte. Nun holte ihn die Geschichte ein, und Linda war mittendrin.

Als die Forstverwaltung ihm mitteilte, er könne mit einer Anstellung rechnen, mietete er eine Zwei-Zimmer-Wohnung, weit genug entfernt von Lindas Heim, um ihr nicht zu nahe zu treten. Auch dort begrüßte ihn die Einsamkeit jeden Morgen und verließ ihn nicht am Abend. Warum verweigerte sich Linda?

Es gab Tage, da bildete er sich ein, der Junge käme zu Besuch nach Aschenfehn, um nach seinem Vater zu fragen. Um ihn nicht zu versäumen, blieb er mit Herrn Fröhlich telefonisch verbunden. Von ihm erfuhr er, dass viele Flüchtlinge, die bei Kriegsende aus dem Osten gekommen waren, wieder zu den Orten im Osten reisen durften, in denen sie auf die Welt gekommen waren. Aber nur auf Besuch, versteht sich.

Jeder will einmal zu seinen Ursprüngen zurück, erklärte Fröhlich am Telefon. Auch die Auswanderer besuchen wieder ihre Heimatorte.

Warum nicht Siegfried Wolters?, fragte sich Gerd.

Von Fröhlich erfuhr er, Deutschland habe 2,3 Milliarden Mark an Polen gezahlt, damit 120.000 Menschen in den Westen ausreisen konnten. Menschen kosten Geld!, rief Fröhlich in den Apparat. Er wusste auch, dass Westdeutschland von der DDR 2500 politische Gefangene freigekauft hatte. Mit Geld lässt sich eben alles kaufen, sogar menschliches Leben.

Bis auf die Telefongespräche mit Herrn Fröhlich führte er ein immer einsameres Leben. Keine Familie, keine Freunde, nur eine ferne Frau, die sich nicht berühren ließ. Zu viel Frieden ist langweilig, dachte Gerd. Einmal in der Woche ging er zum Fußballplatz, einmal in die Kneipe. Dort trank er ein paar Biere und sprach mit diesem und jenem. Wenn ihn jemand nach seiner Familie fragte, sagte er: Meine Frau ist 1945 gefallen, und mein Sohn lebt in Kanada. Er benutzte den Ausdruck „gefallen“, der eigentlich nur Frontsoldaten zukam. Aber das Geschehen in Aschenfehn im April 1945 war in seinen Augen Krieg gewesen, und die Opfer zählte er zu den Kriegstoten.

Von seinen Jahren in russischen Wäldern sprach er mit keinem Menschen. Es war ihm peinlich. Über Russland, gar noch das kommunistische Russland, fiel in Deutschland kein gutes Wort.

Nicht vergessen hatte er die russischen Wörter, die er im Waldlager gelernt hatte: Gálka die Dohle, Sarjánka das Rotkehlchen, Sójka der Eichelhäher. Und natürlich die Namen der Bäume. Ja, etwas Russisches war bei ihm hängen geblieben, vor allem die russischen Wälder und Bäume.

Abgesehen von den sonderbaren Erinnerungen, die in seinem Kopf herumspukten, führte er ein unauffälliges Leben, so normal wie es im Wirtschaftswunderland möglich war. Er verdiente genug und dachte daran, einiges Geld zurückzulegen, falls er wieder nach Kanada zu seinem Jungen reisen musste.

Wenn er zum Fußballplatz ging, bildete er sich ein, sein Sohn sei unter den Spielern. Er hielt Ausschau nach jungen Männern, die ihm ähnlich sein konnten.

Einmal fragte er einen: Wie heißt du?

Werner, lautete die Antwort. Schade, keiner wollte mehr Siegfried heißen.

Natürlich war es unsinnig, unter den jugendlichen Fußballspielern von heute seinen fünfunddreißigjährigen Sohn zu suchen. Aber es machte ihm Spaß, nach Siegfried Wolters Ausschau zu halten, eine Aufgabe, der er sich oft hingab.

Als die Olympischen Spiele in München begannen, kaufte er ein Fernsehgerät. Nach den ersten Siegen nahm er nur noch die elf Toten der israelischen Mannschaft wahr. Danach blieb das Gerät stumm. Gerd erfuhr noch, dass der deutsche Bundeskanzler zu einem Staatsbesuch nach Prag reisen wollte. Da Gerd wusste, wie viel Linda diese Stadt bedeutete, schrieb er ihr einen Brief und schlug vor, mit ihr an die Moldau zu fahren.

Sie antwortete nicht.

Die Trennung verhält sich zur Liebe, wie der Wind zum Feuer. Das kleine bläst er aus, das große facht er an.
La Rochefoucauld

Warten auf Linda

Was blieb noch zu tun? Den Jungen konnte er nicht finden, vielleicht lebte er nicht mehr. Die Erinnerung an Annalena verblasste mehr und mehr, ihr Gedenkkreuz in Aschenfehn sah grau und schmutzig aus. Aber Linda ging ihm nicht aus dem Kopf. Ihre gemeinsamen Tage in Kanada erschienen ihm immer heller und freundlicher, vielleicht reiste er noch einmal mit ihr über den Atlantik.

Er traf sie zufällig in einem Kaufhaus in der Stadt. Sie sah aus wie immer, während er sich alt fühlte.

Wollen wir wieder durch den Wald spazieren?, fragte sie beiläufig.

Waldspaziergänge sind immer gut, antwortete Gerd.

Sie verabredeten sich für den nächsten Sonntag. Er versprach, sie vom Heim abzuholen. Oder hast du schon ein eigenes Auto?

Nein, hatte sie nicht.

Sein Goggomobil hatte er längst zum Schrottplatz gegeben und ein größeres und bequemeres Auto gekauft, dabei auch an Linda denkend. Sie fand Autos gut, sie waren ihr ein Symbol für Freiheit, machten sie unabhängig von Schaffnern, Lokführern, Fahrplänen und Busfahrern. Sie wusste noch nicht, dass eines Tages die Autos die größten Feinde der Wälder sein würden.

Er saß vor ihrem Heim im Auto und wartete. Betreten verboten! Das stand nicht an der Eingangstür, aber Linda hatte es ihm gesagt. Sie wollte nicht, dass er ins Haus kam und nach ihr fragte.

Innerlich war sie nun doch im Osten gelandet. Als Jan Palach auf dem Prager Wenzelsplatz verbrannte, trug sie eine Woche lang Schwarz. Reisen in den Osten gingen aber immer noch nicht. Solange die dort herrschen, die mir damals wehgetan haben, werde ich nicht nach Prag fahren, lautete ihre Entscheidung.

Er überredete sie, ihn zu einem Fußballspiel in Osnabrück zu begleiten. Da gibt es Schießen wie im Krieg, aber es tut nicht weh, sagte er.

Also gut, sie kam mit.

Wenn er Tore bejubelte, schüttelte Linda den Kopf. Fußball ist Fortsetzung des Krieges mit anderen Mitteln, meinte sie. Sie schießen und schießen, sie schreien laut, sie marschieren, es gibt Sieger und Besiegte, sie singen „Deutschland über alles" und drohen den Feinden mit den Fäusten.

Willst du nur Ringelreihen spielen?, fragte er. Wenn es kriegerische Instinkte in uns gibt, ist es gut, sie mit so harmlosen Spielchen wie Fußball abzureagieren. Lieber Tore schießen als Bomben werfen.

Ringelreihen wäre noch besser, sagte Linda.

Neben dem Fußball ordnete sie auch das Bäumefällen den kriegerischen Handlungen zu, mit denen sie nichts zu schaffen haben wollte. Lasst die Bäume leben, sie sterben von allein wie die Menschen.

Bei einem Spaziergang erklärte sie ihm folgenden Unterschied: In Kanada findest du nur Skelette von Bären und Hirschen unter der Erde, aber keine Menschen. Europa ist dagegen ein einziger Menschenfriedhof. Bei den Römern, im Dreißigjährigen Krieg, bei den napoleonischen Feldzügen und den beiden Weltkriegen kamen massenhaft Menschen unter die Erde. Auch im Teutoburger Wald kannst du Tote finden.

Willst du auch nach Kanada auswandern?, fragte Gerd.

Linda schüttelte den Kopf. Ich gehöre auf den europäischen Friedhof, sagte sie.

An einem Morgen fand er einen Blumenstrauß vor seiner Tür. Daneben lag eine Karte: *„Alles Gute zum 55. Geburtstag"*.

Auf der Rückseite las er folgende Zeilen:

Um Mitternacht, der Sterne Glanz geleitet
Im holden Traum zur Schwelle, wo sie ruht.
O sei auch mir dort auszuruhn bereitet!
Wie es auch sei, das Leben, es ist gut.

Die Verse hat Goethe geschrieben, erklärte Linda später.

Als Goethe in unsere Schule kam, war ich schon bei den Soldaten, sagte Gerd. Und dann wollte er noch wissen, wie sie von seinem runden Geburtstag erfahren hatte.

Linda lachte. In Kanada habe ich mal, als du schliefst, in deine Papiere gesehen. Seitdem kenne ich dich.

Das war der Augenblick, in dem er sie hätte umarmen können, aber weil Linda sich noch im Rühr-mich-nicht-an-Modus befand, ließ er es bleiben.

Immerhin, es war sein Geburtstag, und sie wagte es sogar, seine Wohnung zu betreten. Auch überredete sie ihn zu einem Geburtstagsspaziergang in den Wald.

Aus Kanada erhielt er keine Geburtstagspost, aus Aschenfehn auch nicht. Wie sollte der Junge wissen, wann sein Vater Geburtstag hat? Auf Nachrichten aus Kanada achtete er aber immer noch, egal ob sie über Zeitungen, Radio oder Fernsehen verbreitet wurden. So lernte er einen kanadischen Marathonläufer kennen, der auch Siegfried hieß.

Zum Waldspaziergang brachte Linda Apfelsaft und Käsebrötchen mit. Sie picknickten im hohen Gras und sprachen über Sommer und Winter. Oft stimmte sie Waldlieder an. Ach, sie kannte viele Lieder und konnte so schön singen:

Lebe wohl, du grüner Wald!
Oh, wie herrlich ist's im Wald!
Ein Männlein steht im Walde
Serenata, im Wald zu singen
Ich geh' durch einen grasgrünen Wald
Im Wald und auf der Heide

Bäume mögen es leiden, wenn Menschen unter ihren Kronen lustwandeln. Am liebsten zu zweit, Mann und Frau.

Mehr geschah nicht an diesem 55. Geburtstag. Als er vorschlug, am Abend in ein Lokal zum Essen zu gehen, schüttelte Linda den Kopf.

Ich habe das Meer gepflügt.
Simón Bolívar

Frühling in Aschenfehn

Linda überredete ihn, ihrem Waldschutzverein beizutreten. Als er das Formular unterschrieb, drückten ihm alle die Hand, auch Linda. Gerd war der einzige Mann in der Frauenriege, erledigte gewissermaßen das Grobe, trug Klappstühle und Rucksäcke durch den Wald und bediente die Damen beim Flaschenöffnen. Wenn die Frauen ihre Lieder sangen, schlug er mit einer Birkenrute den Takt für die singende Gesellschaft. Es kam vor, dass die Frauen zu Linda „dein Mann" sagten und Gerd meinten. Zu Gerd sprachen sie von „deiner Frau". Es fiel nicht sonderlich auf, und es stimmte auch.

In den 80er Jahren erreichte er die Zeit, um in Rente zu gehen. An seinem letzten Arbeitstag spendierte er den Frauen ein Glas Honigschnaps. Sie sangen ihm das Lied: „Wer hat dich, du schöner Wald, aufgebaut so hoch da droben." Dann wanderten sie zum Hermannsdenkmal, das 350 Meter hoch in den Himmel ragte.

Du warst auch ein Krieger wie dieser Armin, sagte Linda zu ihm und lachte.

Rentner können durch die ganze Welt reisen, erklärte eine Frau aus dem Waldschutzverein und erwähnte als Reiseziel ein Weltfriedenstreffen, das demnächst in Prag gefeiert werden sollte. Das wäre doch etwas für euch beide, meinte sie.

Linda hatte von dem Treffen in Prag gehört. Es ging um eine Zusammenkunft des Warschauer Paktes, auf der viel über Frieden geredet werden sollte. Sie schüttelte nur den Kopf. Nicht schon wieder.

Gerd erwähnte Aschenfehn als erstes Reiseziel seines Rentnerlebens und fragte Linda, ob sie ihn begleiten wolle. Erst sagte sie nein, aber als er den Birkenwald erwähnte, willigte sie ein.

Zu zweit fuhren sie westwärts. Es war die Jahreszeit, in der 1945 die Bomben gefallen waren. Annalena hatte oft vom Weißen Sonntag gesprochen, an dem neugeborene Kinder in Recklinghausen in weißen Gewändern zur Taufe in die Kirche gebracht wurden. 1945 kam nicht Gottes Wort vom Himmel, sondern eine Bombe.

Auf Lindas Wunsch wanderten sie zuerst in den Birkenwald. Gerd wunderte sich, wie groß die jungen Birken gewachsen waren. Birken können Menschenleben retten, bemerkte Linda und streichelte das frische Laub.

Unter diesen Birken hielt sich mein Junge auf, als die Bomben fielen, sagte Gerd. Er überlebte, aber in Kanada ist er untergegangen.

Vielleicht lebt er noch, meinte Linda und grub einige Schösslinge aus, die sie mitnehmen wollte in ihren Teutoburger Wald.

Danach besuchten sie das Gedenkkreuz für die Bombentoten. Es erschien Gerd stark verschmutzt, die Namen ließen sich kaum noch erkennen.

Kommt alles vom Krieg, flüsterte Linda.

Vor dem Gemeindeamt, das nicht mehr eine Holzbaracke, sondern ein fester Bau war, studierte Gerd die Eingangstafel. Ein Name Fröhlich kam nicht vor. Ach, der ist vor einem halben Jahr gestorben, antwortete eine Frau, die sie auf der Straße trafen.

Schade um den Herrn Fröhlich. Er hatte sich viel um die Flüchtlinge gekümmert. Sollten wieder einmal Flüchtlinge kommen, wäre er nicht mehr für sie da.

Vor der Rückfahrt besuchten sie die Stelle, an der das Barackenlager gestanden hatte, dem damals die Bomben galten. Fünfzig Tote, für nichts und wieder nichts, sagte Gerd.

So ist Krieg, meinte Linda. Sie suchte in der Trümmerlandschaft nach Blumen für ihren Wald und fand tatsächlich Anemonen.

Bevor sie zur Heimfahrt nach Osnabrück aufbrachen, machte Gerd einen Abstecher nach Oldenburg, um Bernhard zu besuchen.

Wieder mal Kriegserinnerungen austauschen?, bemerkte Linda lächelnd.

Nein, Walderinnerungen, antwortete er. Mit Bernhard lebte ich in den russischen Wäldern. Er war einer, der uns in der Wildnis am Leben erhielt, weil er uns immer zum Lachen brachte.

Bernhard empfing sie vor der Haustür. Er war kaum wiederzuerkennen mit seinem kahlen Schädel und dem dicken Leib.

Na, hast du doch noch eine Frau gefunden?, fragte er und zeigte auf Linda.

Sie hat mich gefunden, antwortete Gerd.

Linda lächelte.

Ich werde mir auch eine Frau suchen müssen, erklärte Bernhard. Seit einem Jahr bin ich Witwer. Zu deiner Zeit starben die Frauen durch Bomben, heute an Krebs.

Zu dritt tranken sie Kaffee. Gerd erzählte von seinem Rentnerleben und dass seine Rente ausreichend sei. Sogar die Soldatenzeit und die Arbeit im russischen Waldlager hatten sie bei der Rentenberechnung berücksichtigt.

Unser Staat ist gar nicht so schlecht, wie immer gesagt wird, meinte Bernhard. Er zahlt auch denen eine Rente, die für Hitler gekämpft haben.

Nach diesem Satz führte Bernhard zwei Enkelkinder vor, die sein ganzer Stolz waren. Meine Jungs sollen einmal Soldaten werden, sagte er.

Die Hälfte des Waldes ist krank. Kein Grund zur Besorgnis. Die meisten Menschen sind krank. Völlige Gesundheit ist eine sporadische Ausnahme.

Waldsterben

Sie waren zu einem Osterspaziergang verabredet, aber Linda kam nicht. Er rief im Heim an.

Frau Rosengard ist am frühen Morgen zu einer Demonstration nach Hannover gefahren, sagte die Frau am Telefon.

Warum hatte sie ihm nichts davon erzählt? Er wäre mitgefahren, nicht um zu demonstrieren, sondern um Linda zu begleiten.

Das Radio sprach von 600.000 Oster- und Friedensmarschierern auf Deutschlands Straßen. Gerd hörte nun häufiger das Wort „Waldsterben". Im Jahr 2000 wird es keine Wälder mehr in Deutschland geben, behaupteten kluge Leute, die an den Universitäten dicke Bücher über das Ende der Welt schrieben. Linda beeindruckte das sehr, Gerd wunderte sich nur. Um den Wald zu retten, sollten sie nicht Bücher schreiben, sondern den Spaten in die Hand nehmen, zu den Wäldern wandern, den Bäumen Nahrung geben, sie pflanzen und wässern. Damit Bücher entstehen können, müssen auch Bäume gefällt und aus ihrem Holz Papier gefertigt werden, so wie er es in Powell River erlebt hatte. In Russland und Kanada wird es immer Wälder geben, dachte Gerd, auch wenn sie noch so viele Bücher schreiben.

Warum war sie allein gefahren? Sie wusste doch, wie sehr er ihre Nähe schätzte, wie viel ihm die Wälder bedeuteten, die russischen, die kanadischen und ihr Teutoburger Wald. Gerd hatte in seinem Leben mehr mit Wäldern zu tun gehabt als die Leute, die so eifrig demonstrierten und Bücher schrieben. Als er einmal zu Linda sagte, die meisten Umweltschützer verbrächten ihr Leben an Schreibtischen und nicht in der Natur, die sie schützen wollten, schüttelte sie nur den Kopf. Auch Linda hatte es mit den Büchern, aber sie besuchte auch den Wald, um Bäume zu umarmen.

Nachmittags wartete er am Osnabrücker Bahnhof auf Lindas Rückkehr. Er wollte sie zu ihrem Heim fahren oder mit ihr in den Wald gehen, um die verabredete Wanderung nachzuholen. Als der Zug einlief, gab es einen kleinen Menschenauflauf, die Retter des Waldes wurden mit Freudenrufen empfangen.

Als Linda ihn entdeckte, lief sie über den Bahnhofsplatz und umarmte ihn. Warum hast du mich nicht mitgenommen?, fragte er.

Weil du ein Waldmensch bist und kein Demonstrierer, antwortete sie und lachte.

Im Wald ist der Mensch stumm und hält den Atem an, aber auf den Straßen darf man laut schreien, dachte Gerd, sagte es aber nicht.

Wie aufgeregt sie war. Sie redete von Schwefeldioxid, saurem Regen und den Menschen, die mit vertrockneten Fichtenzweigen durch die Stadt gelaufen waren.

Wenn auch unsere Bäume sterben, die Wälder Kanadas und Russlands bleiben ewig, sagte er und öffnete die Autotür, um Linda zu ihrem Heim zu fahren.

Deine Ewigkeit geht in zehn Jahren zu Ende, behauptete sie und erzählte, während das Auto stadtauswärts rollte, von den Plänen der Demonstrierer, die Welt zu retten. Neue Bäume pflanzen! Für jeden Baum, der stirbt, gehören zwei junge Bäume in die Erde.

Einverstanden, sagte Gerd.

Sogar in Aschenfehn wollte Linda den zerstörten Birkenwald in neuer Größe entstehen lassen. Wo immer eine freie Fläche ist, gehört ein Baum gepflanzt!

Und dann zitierte sie wieder aus ihren Büchern. Solange die Welt besteht, sind Wälder den Menschen immer als böse Orte erschienen, bewohnt von Hexen und wilden Tieren. Weil die Wälder als unfruchtbar galten, ließ man sie abholzen und verbrennen. Schließlich erwähnte Linda Hänsel und Gretel, die sich im bösen Wald verirrten.

Die Menschen brauchen Brot und kein Holz, wagte Gerd einzuwenden.

Unsere Wälder brauchen auch Brot, antwortete sie.

Wir haben zu viele Menschen, die Brot brauchen und nicht Holz, sagte Gerd.

Linda erzählte, wie auf der Demonstration in Hannover sogar die Wüste Sahara zur Sprache gekommen war. Wir können es uns nicht leisten, eine so riesige Fläche Afrikas unbewaldet zu lassen, hatte jemand der Menge zugerufen. Er wollte eine Rohrleitung vom Atlantik verlegen und Wasser in die Wüste pumpen, damit junge Bäume wachsen können.

Meerwasser ist salzig, bemerkte Gerd.

Auch daran hatten die Demonstrierer gedacht. Sie wollten das zur Wüste geleitete Wasser in der Hitze verdunsten lassen. Die Feuchtigkeit steigt zum Himmel, auf der Erde bleibt Salz. Die verdunstete Feuchtigkeit bildet Wolken, und reines Wasser fällt als Regen in die Wüste. Linda stellte sich die Sahara als Blumenwiese vor, auf der Kinder spielten. Sie wollte Gärten anlegen und Gemüse ernten. So schön kann unsere Welt aussehen, wenn wir die Bäume retten!, rief sie.

Dann erzählte sie die Geschichte vom Tschadsee, der in der südlichen Sahara liegt und von dem Gerd noch nie gehört hatte. Eine Wasserfläche mit fast tausend Inseln, aber geringer Tiefe. In Urzeiten erstreckte sich der See über zwei Millionen Quadratkilometer, heute ist er auf gerade tausend Quadratkilometer geschrumpft. Linda wollte ihn mit Atlantikwasser füllen und so paradiesische Zustände schaffen.

Das Abpumpen des Wassers aus dem Ozean könnte auch den weiteren Anstieg des Meeresspiegels verhindern, hatte ein Experte von sich gegeben. Das Wasser versinkt im Sand, der Meeresspiegel bleibt konstant.

Zwei Wochen später, als sie wieder durch den Teutoburger Wald spazierten, bekamen sie die Folgen des Waldsterbens zu spüren. Hubschrauber kreisten über ihren Köpfen und streuten Kalk aus.

Der Teutoburger Wald ist ein Kalkgebirge, das braucht keinen Kalk aus Hubschraubern, schimpfte Linda.

Wenn die Russen nicht den Wodka aus Wassergläsern tränken, wären sie die Herren der Welt.

Als die Mauern fielen

Die Zeit lief davon, Gerd Wolters feierte einen Geburtstag nach dem anderen. Aber was hieß schon feiern? Er trank morgens und abends einen Schnaps und sprach mit niemand über das Ereignis, das nur für ihn denkwürdig war. Auch Linda vergaß seine Geburtstage. Einmal brachte er es sogar fertig, an seinem Geburtstag nach Aschenfehn zu fahren, sich an der Stelle, an der er auf die Welt gekommen war, auf einen Stein zu setzen und eine halbe Stunde ins Wasser des Ententeichs zu schauen. Die Leute, die vorbeigingen, erkannten ihn nicht, und er sah keinen Anlass, sich vorzustellen.

Es lag wohl am arbeitsfreien Rentnerdasein, dass er sich langweilte. Frau und Kinder, um die er sich kümmern musste, hatte er nicht, von Enkeln ganz zu schweigen. Einziges Sorgenkind war sein Auto, mit dem er sich Tag für Tag beschäftigte. Hätte er nicht Linda gehabt, um mit ihr gelegentlich durch den wieder kalkfreien Teutoburger Wald zu wandern, wäre er völlig vereinsamt.

Oft besuchte er ein Kino, sah am liebsten Western, die in Wäldern spielten. Als er Linda einlud, ihn zu begleiten, schüttelte sie den Kopf. Im Kino sitzt man zu nahe beieinander, berührt sich sogar im Dunkeln. Außerdem zeigen sie zu viele Liebesszenen! Linda hatte immer noch Berührungsängste. Das sagte sie nicht, aber Gerd fühlte, dass sie so dachte.

Das ging so bis zum Jahr ’89. Da traten Waldsterben und Anstieg des Meeresspiegels in den Hintergrund, weil sich Bedeutenderes ereignete. Es fing an mit einem Blutbad auf dem Platz des Himmlischen Friedens in Peking. Wie kann man den himmlischen Frieden so missbrauchen?, empörte sich Linda.

In Europa ging es unblutig weiter. Im Osten fielen Mauern, die Zäune bekamen Löcher und Gerd Wolters träumte in einer Novembernacht von einer Reise dreitausend Kilometer weit nach Tschuwaschien. Plötzlich waren Reisen ostwärts wieder denkbar. Er sah sich durch den Wald wandern bis zum Lagertor, fand den Hügel der Toten, die immer noch warteten, und den Birkenbaum neben dem Eingang.

Als er Linda von seinem Traum erzählte, schüttelte sie den Kopf. Niemals nach Osten!, rief sie.

Als wieder Reisen in die DDR möglich wurden, wollte er mit Linda jene Eisenbahnfahrt von Frankfurt an der Oder nach Herleshausen wiederholen, die im Jahre 1955 stattgefunden hatte, nun aber per Auto. Noch einmal erleben, wie es ist, in Friedland anzukommen. Aber Linda schüttelte wieder den Kopf. Nie mehr nach Osten, hieß das.

Du bist doch im Osten geboren, wunderte er sich.

In Böhmen, antwortete sie. Das ist nicht der Osten, vor dem ich Angst habe.

Also gut, fahren wir nach Böhmen.

Auch das wollte sie nicht. Später vielleicht, wenn sich alles beruhigt hat, sagte sie.

An einem Abend im Herbst, als die Stimmung gut war, viele Menschen lachten und in die Hände klatschten, standen Linda und Gerd mit anderen vor einem Schaufenster. Hinter dem Glas lief ein Fernsehgerät. Es zeigte Bilder von jubelnden Menschen an einer hohen Mauer. Während sie im Fernsehen winkten und lachten, klatschten die Zuschauer vor dem Schaufenster in die Hände. Nur Linda nicht.

Ganz Deutschland jubelt, und du stehst stumm vor der Scheibe, wunderte er sich.

Die Jubler sind die gleichen Leute, die damals die deutsch-sowjetische Freundschaft gefeiert haben, antwortete sie. Ich bin dabei gewesen und habe mich gewundert, wie sie denen zujubeln konnten, die ihre Väter und Mütter, ihre Schwestern und Brüder erschossen, vergewaltigt und nach Sibirien verschleppt hatten. Heute beklatschen die Jubler von damals das Ende der sowjetischen Herrschaft.

Linda dachte oft an Prag. Die Zeitungen berichteten von Massendemonstrationen und einem zweistündigen Generalstreik in Prag. Die Regierung trat zurück, ein Schriftsteller wurde Staatspräsident.

So macht man das, sagte Linda.

Da sie nicht nach Berlin fahren wollte, um bei den Jubelfeiern an der Mauer dabei zu sein, schlug er vor, Prag zu besuchen. Auch das gefiel ihr nicht.

In der Tschechoslowakei sind immer noch russische Soldaten, sagte Linda. Ich kann diese Uniformen nicht mehr sehen.

Man sollte den Menschen nicht abgewöhnen, ihr Vaterland zu lieben, sondern das Vaterland so herrichten, dass es ihrer Liebe wert ist.

Abeto und Bétula

Nachdem die Mauer gefallen war, öffnete sich nicht nur der Osten, sondern die ganze Welt. Sie konnten reisen, wohin sie wollten, durften Kanada, Russland und sogar Brasilien besuchen. Weihnachten schenkte Linda ihm ein Buch über die amerikanischen Redwood-Bäume. Sie sagte es nicht ausdrücklich, aber er empfand es als Wink für ihre nächste gemeinsame Reise: Kalifornien.

Linda kümmerte sich auch um den Regenwald am Amazonas, den sie besuchen wollte, bevor die Holzfäller ihn umbrächten. Das Unglück der nordamerikanischen Wälder, die zur Prärie geworden waren, sollte sich in Südamerika nicht wiederholen. Die weißen Einwanderer nach Nordamerika brauchten Farmland, nicht Wälder. Sie sahen die Wälder als Feinde an, die sie mit Feuer bekämpfen mussten.

Auch in Brasilien wollen sie den Regenwald niederbrennen, damit das Getreide besser wachsen kann, klagte Linda. Die Geschichte wiederholt sich, und es wird immer schlimmer.

Ihre Sorge um die Wälder ließ sie die schönen Tage nach dem Mauerfall, von denen Gerd schwärmte, nicht recht genießen. Es geschah so viel Schlimmes in der Welt, da konnte Linda nicht über eine einstürzende Mauer jubeln.

Willst du mitkommen?, fragte sie eines Tages. Ich möchte den Regenwald besuchen, solange er noch da ist. Oder erst die kalifornischen Riesenbäume und dann den Regenwald.

Gerd dachte mehr an Tschuwaschien. Die Wälder dort waren ihm nicht nur geografisch, sondern auch innerlich näher als Brasilien oder Kalifornien. In den Zeitungen schrieben sie, Russland habe sich geöffnet, sogar Touristen dürften einreisen. Warum also nicht das Waldlager besuchen?

Doch Linda hielt sich immer noch an ihr erstes Gebot: Nie mehr nach Osten!

Wenn du immer nach Westen fährst, kommst du auch im Osten an, antwortete er und lachte.

Während Linda die Sprache des Regenwaldes übte – Tanne hieß abeto und Birke bétula –, fragte Gerd beim russischen Konsulat an, ob eine Reise nach Tschuwaschien möglich sei, keine Urlaubsreise, sondern eine Besichtigung jenes Lagers, in dem er als Kriegsgefangener gelebt hatte.

Fühlst du dich da zu Hause?, wunderte sich Linda. Sie hielt den Ort für ein Gefängnis in der Wildnis. Wer besucht gern Gefängnisse?

Gerd erinnerte sich an Gesichter, die ihm im Lager begegnet waren, er hörte vertraute Stimmen und fragte telefonisch in Oldenburg an, ob Bernhard mitkommen wolle zum alten Waldlager.

Ich habe geschworen, nie mehr nach Russland zu fahren!, schrie der ins Telefon. Elf Jahre Gefangenschaft sind genug!

Das russische Konsulat antwortete, es gebe das bewusste Lager nicht mehr. Aber er könne ein Visum beantragen, um nach Tschuwaschien zu reisen. Sogar die Kohlenmine in Sibirien sei erreichbar. Aber wer reist schon zu Kohlenminen? Um Mütterchen Russland näher kennenzulernen, sollte er die Paläste in Moskau und St. Petersburg anschauen. Sie seien bedeutsamer als ein Waldlager.

Du bist doch gern in Wäldern, versuchte er Linda zu überreden. Also komm mit nach Tschuwaschien. Sie haben den russischen Wald mit Gefangenenlagern überzogen und die Bäume abgeholzt. Das war eine Schande. Aber es ist nun vorüber, auch der russische Wald kann wieder wachsen. Wenn du mit mir nach Tschuwaschien fährst, komme ich mit dir zum brasilianischen Regenwald und nach Kalifornien. Eines nach dem anderen.

Vor den russischen Bäumen habe ich keine Angst, sagte Linda. Aber ich könnte denen begegnen, die mich damals gequält haben. Du weißt doch, Kriege haben einen langen Atem. Unser Krieg ist immer noch nicht zu Ende. Als die Kanonen schwiegen, fing für die Frauen ein neuer Krieg an.

Wie alt warst du damals?, fragte Gerd.

Als die Rote Armee in Prag einzog, war ich achtzehn Jahre alt.

Die dir damals wehgetan haben, leben nicht mehr, behauptete Gerd.

Linda schüttelte den Kopf. Es gibt noch viele Nachfolger, die die Soldaten der Roten Armee für Helden halten, auch für das, was sie den Frauen angetan haben. Sie sehen es als gerechte Strafe an für die Taten der Wehrmacht in Russland. Die Frauen mussten es büßen.

Kein Sieger glaubt an den Zufall.
Friedrich Nietzsche

Noch einmal Tschuwaschien

Die einen fahren mit der Eisenbahn nach Capri, die anderen zu den griechischen Inseln. Gerd Wolters' Zug fuhr in die russische Wildnis. Wer kannte schon Tschuwaschien? Selbst die russischen Schaffner, die die Fahrkarten kontrollierten, wunderten sich. Was will der Deutsche in Tschuwaschien?

Im Monat Juni, Gerd erinnerte sich daran, dass es der Tag war, an dem im Osten nicht nur die Sonne aufging, machte er sich auf den Weg. Linda brachte ihn zum Bahnhof und erzählte ihm unterwegs von den Bäumen, denen er begegnen werde. Sie nannte die Namen in russischer Sprache, worüber Gerd sich wunderte. Waren diese Sprachbrocken ein Überbleibsel aus der Zeit, als die Rote Armee Prag besetzte?

Er verspürte keine Angst. Als der Zug die Oder überquerte, kam es ihm vor, als ginge es nach Hause. Hier fuhr seine Bahn schon einmal vor vielen Jahren. Die Landschaft kam ihm bekannt vor.

Wenn du zurückkehrst, fahre ich zum Amazonas, hatte Linda beim Abschied gesagt. Du kannst mitkommen. Oder willst du lieber zu den Redwoods nach Kalifornien?

Amazonas klang angenehmer als Tschuwaschien. Gerd fiel der kanadische Ranger ein, der es gut gefunden hatte, wenn alte Wälder abbrennen. Umso besser wachsen junge Wälder. Dem kam es aufs Wachsen an, nur aufs Wachsen.

Mit der Eisenbahn war Gerd aus der Gefangenschaft heimgekehrt, vierzig Jahre später brachte ihn die Eisenbahn zurück nach Russland. Die deutsch-polnische Grenze erschien als erster Fixpunkt, an ihr und an der russischen Grenze gab es die längsten Aufenthalte, er bekam Zeit, um sich zu erinnern und versuchte, die Sprache der Mitreisenden zu verstehen. Wenn sie hörten, er sei Deutscher, wollten sie ihn umarmen. Ach ja, es gab auch gute Deutsche. Für das, was der Hitler angerichtet hatte, konnten sie nichts.

Gemächlich ging es durch Weißrussland, er sah Minsk und bewunderte Smolensk. Moskau durchquerte der Zug in der Nacht. Jemand erwähnte die Waldaihöhen, ein Quellgebiet der Wolga, um das einst heftig gekämpft worden war. Hinter Moskau verästelten sich die Eisenbahnstrecken. Wo bitte geht es nach Tschuwaschien?

Er bekam Zeit zum Schlafen und Träumen. Durchs Fenster sah er die Wälder, die immer noch lebten. Ströme, die ihm damals wenig aufgefallen waren, begleiteten seinen Weg. Ob die Hütten noch stehen, in denen die Gefangenen gelebt hatten? Was mag aus der Riesenbirke am Lagertor geworden sein? So dachte er und dachte.

Bald stellte sich eine gewisse Vertrautheit mit den Wäldern ein, durch die die Eisenbahn fuhr. Ihm fielen alte Ortsnamen ein, er sah Nischni Nowgorod in nordwestlicher Richtung und Kasan im Nordosten.

Es rächte sich jetzt, dass sein Lager in Tschuwaschien keinen Namen besaß, sondern nur eine dreistellige Zahl. Wie sollte er es finden? Bahnanschluss gibt es nicht, sagte ein Mitreisender, dem er sein Reiseziel genannt hatte und der sich in der deutschen Sprache etwas auskannte. Du musst ein Taxi nehmen und damit die früheren Waldlager abfahren, bis du deines gefunden hast.

Das hast du dir nicht träumen lassen, Gerd Wolters: per Taxi in die russische Wildnis zu deinem Kriegsgefangenenlager!

Als er den Zug verließ, traf er ein Taxi, dessen Fahrer so tat, als warte er auf Geld Wolters. Als er hörte, in welche Wildnis er fahren sollte, raufte er sich die Haare. Der Mann verstand ein wenig Deutsch, weil er während des Vaterländischen Krieges zwei Jahre in einem deutschen Kriegsgefangenenlager zugebracht hatte, aber nicht im Wald, sondern unter Tage, was aufs Gleiche hinauskam. Beim Kohleschaufeln hatte er ein bisschen Deutsch gelernt, so wie Gerd beim Bäumefällen zur russischen Sprache gekommen war. Gálka hieß die Dohle, Sójka der Eichelhäher.

Der Taxifahrer fürchtete, das alte Lager nicht zu finden. Russland hatte so viele Lager, sagte er. Also klapperten sie von einem Platz zum anderen und suchten Menschen, die sich in den Wäldern auskannten.

Großes Feuer, erklärte ein Mann und zeigte auf eine freie Fläche mit Buschwerk. Auch in Russland brennen die Wälder, dachte Gerd. Und wenn ein Waldlager dem Feuer im Weg steht, fallen auch die Hütten zu Asche.

Sie kamen zu einer Fläche, auf der das Lager gestanden haben könnte. Kein Zaun, keine Baracke, aber ein Hügel, auf dem die Bäume mächtig in die Höhe geschossen waren. Das musste das Gräberfeld sein. Linda hatte oft gesagt, Gräber liefern reichlich Humus für das Wachsen der Bäume.

Sie wird staunen, wenn er ihr ausrichtet, dass auch in den russischen Wäldern die Bäume auf Gräbern besonders gut gedeihen.

Während der Taxifahrer auf dem Autokühler saß und eine Zigarette nach der anderen rauchte, wanderte Gerd in dem verlassenen Wald. Es kam ihm vor wie eine Prozession durch einen heiligen Hain. Er kannte die Bäume und glaubte, auch von ihnen erkannt zu werden. Die Riesenbirke stand noch am Tor, sie beherrschte das Gelände, auf dem sich das Lager befunden hatte. Er versuchte, sie zu umarmen, aber seine Arme reichten dafür nicht aus.

Eine Stunde brachte er im Unterholz zu und versuchte herauszufinden, wo die Lagerstraße verlaufen war und die Waschräume gestanden hatten. Dann rief der Taxifahrer und winkte ihm zu. Nun ist genug, sollte das heißen. Der Mann wollte nach Hause.

Alles, was Menschen aufbauen, richten sie auch zugrunde, sagte der Taxifahrer und bot ihm eine Zigarette an. Nach einer Zigarettenlänge, die sie auf dem Trittbrett des Autos zubrachten, verabschiedeten sie sich von ihrem Waldlager. Auf der Fahrt zur Bahnstation sprachen sie kein Wort.

Komm bald wieder, sagte der Fahrer, als Gerd in den Zug stieg. Russland ist ein gutes Land.

Gerd schrieb eine Postkarte an Linda, der Taxifahrer versprach, sie zur nächsten Poststation zu bringen.

Damit endete auch dieses Abenteuer. Zweimal Russland hin und zurück, und immer noch am Leben!

Wo es keine Menschen gibt, ist immer Frieden.

Heimfahrt

Sonnenschein von früh bis spät. Die Räder rollten nicht mehr für den Sieg, sondern nach Hause. Nichts störte seine Heimfahrt, kein Gewitter, kein Kanonendonner, überhaupt kein übermäßiger Lärm, er hörte nur den monotonen Gesang der Räder. Er fuhr ohne Bewachung, ohne Angst, ohne die kritischen Blicke der Mitreisenden. Meistens schlief er. Mit geschlossenen Augen fand er Zeit, daran zu denken, wie gut es gewesen war, Moskau nicht in Schutt und Asche zu legen. Unter Napoleon hatte Moskau gebrannt, das war Feuer genug.

Sein Zug fuhr durch die Gegend, in der die Schlacht am Kursker Bogen getobt hatte, vor fünfzig Jahren. Spuren gab es keine mehr. Vor der Landschaft um Mogilew, in der er das Massaker erlebt hatte, fürchtete er sich ein wenig. Aber ihm begegneten keine Denkmäler, keine Kreuze, nur Bilder von Mogilew, die in seinem Kopf hängen geblieben waren. Gerd hielt es für besser, bei Mogilew einzuschlafen.

Es hatte schon einmal eine Heimreise gegeben. Sie geschah im Jahre 1955. Damals musste er viel an Annalena und den Jungen denken. Mit der Zeit waren ihm beide abhandengekommen. Ihm fiel nur Linda ein, die zum Amazonas wollte, um den Urwald zu retten.

„Bitte keine Bäume fällen!“, wird sie auf ein Schild schreiben und es im Urwald aufstellen. So war Linda. Er lächelte über sie, aber er mochte sie auch.

Er brachte Fotos von den russischen Wäldern mit, die er ihr schenken wollte, um sie vom Amazonas abzuhalten. Er wird ihr von den Begegnungen mit russischen Menschen erzählen, die freundlich zu ihm gewesen waren. Wenn er sich als Deutscher zu erkennen gegeben hatte, hörte er nie den Vorwurf, ein Hitlerist zu sein. Als er einem alten Mann von einer Frau erzählte, die von Soldaten der Roten Armee vergewaltigt worden war, wischte sich der Alte die Augen.

So ist Krieg, sagte er.

Er wollte Linda bitten, ihn bei der nächsten Reise nach Osten zu begleiten. Du brauchst keine Angst zu haben. Wenn du den Menschen erzählst, was im Mai '45 in Prag geschehen ist, werden sie dich umarmen und trösten. So sind die Russen.

Das Alter ist deshalb zu loben, weil es uns von der Sklaverei der Sinnlichkeit erlöst.
Sophokles

Platz für zwei

Bei der ersten Heimkehr aus Russland hatten ihn westlich der Oder die Ruinen erschreckt, jetzt fuhr sein Zug durch unzerstörte Dörfer, an blühenden Gärten vorbei und durch Wälder, die nach dem Krieg gewachsen waren. Es war angenehm, in dieses Deutschland heimzukehren. Er spürte ein Gefühl des Stolzes, zu einem Land zu gehören, das aus dem Elend der Nachkriegszeit emporgestiegen war.

Seinen Ankunftstermin hatte er für Linda auf einen Zettel geschrieben. Ob sie am Bahnhof auf ihn wartete? Er wollte ihr das Geschenk, das er aus Russland mitgebracht hatte, so schnell wie möglich überreichen.

Um die Mittagszeit erreichte der Zug Osnabrück. Linda stand in der Bahnhofshalle und winkte. Wie hübsch sie aussah. Das Haar in Locken gedreht, die Lippen gerötet. So war sie noch nie erschienen. Sie umarmte den Heimkehrer und gab ihm vor aller Augen einen Begrüßungskuss, aber nur auf die Stirn.

Zum zweiten Mal heil aus dem Osten zurück!, rief sie.

Seine Postkarte war angekommen, Linda winkte mit ihr. Wie viele Karten und Briefe hatte Gerd aus Russland an Annalena geschrieben. Und nie Antwort erhalten. Nicht angekommen und nicht zurückgekommen. Nun brauchten die tatarischen Postreiter nur wenige Tage von Tschuwaschien bis Berlin. Welch ein Fortschritt!

Linda bestand darauf, ihn mit dem Taxi zu seiner Wohnung zu bringen, scheute sich auch nicht, diese Wohnung zu betreten. Sie tat so, als kenne sie sich bei ihm aus. Sie wusste, wo er das Kaffeegeschirr aufbewahrte, fand eine Dose mit Keksen und legte Pralinen auf den Tisch, die sie „zur Feier des Tages“ mitgebracht hatte. Während sie den kleinen Tisch deckte, packte er seinen Reisekoffer aus. Unter der Wäsche fand er das Geschenk, eingewickelt in einen nassen Lappen: Birkenschösslinge, die er neben der großen Birke beim russischen Waldlager ausgegraben hatte.

Linda war außer sich. Sie küsste ihn wieder, nun auf den Mund. Blumensträuße sehen schön aus, sind aber tot, sagte sie. Deine Birken werden ein langes Leben haben.

Sie überlegten, wo sie sie einpflanzen sollten. Linda kannte Plätze im Wald, die nach einem Windbruch kahl geworden waren. Russische Birken in einem deutschen Wald nannte sie die wahre Völkerverständigung. Sie machte auch den Vorschlag, einige Birken in Aschenfehn in die Erde zu pflanzen zur Erinnerung an das Unglück, das dort 1945 geschehen war.

Linda gab die Schösslinge sofort in eine Wasserkanne, damit sie sich erholten von der langen Reise. Danach tranken sie Kaffee und aßen Kekse. Er erwartete, sie würde nun Brasilien und Kalifornien zur Sprache bringen, aber Linda verlor kein Wort über diese fernen Wälder, redete nur über die russischen Birken.

Während Gerd ein Glas Wodka einschenkte, auch ein Mitbringsel aus dem fernen Russland, inspizierte Linda seine Küche. Auch betrat sie den Nebenraum, in dem sich seine Schlafcouch befand. Da ist ja Platz für zwei, rief sie.

Nach wenigen Tagen erhielt Gerd einen Brief von seinem Taxifahrer aus Tschuwaschien. Deine Birke ist gestorben, schrieb er. Bei einem Sommersturm einfach umgefallen. Nun ist es eine Trauerbirke.

Wo kommen wir hin, wenn jeder die Wahrheit sagen wollte.
Wolfgang Borchert

Linda und Gerd

Die Zeit stahl sich durch die Jahre und näherte sich der magischen Zahl 2000. Auch Linda wurde Rentnerin, behielt aber ihr Zimmer im Heim, in dem sie Jahrzehnte gelebt hatte. Gelegentlich arbeitete sie dort als Aushilfe, um nicht ganz den Anschluss an die Welt der Arbeit und die Kinder zu verlieren.

Zum Eintritt in den Ruhestand gab Lindas Kinderheim einen Empfang. Auch Gerd wurde eingeladen. Zum ersten Mal betrat er das Haus. Alle, die er traf, taten so, als sei er Lindas Ehemann.

Nach dem Empfang durfte er in ihr Zimmer. Eine Fotografie, die über Lindas Bett an der Wand hing, fiel ihm auf. Sie zeigte ein blondes Mädchen. Bist du das?, fragte er.

So sah ich aus, bevor die Vandalen über mich herfielen, sagte sie und lachte. Zum ersten Mal konnte sie über jenes Geschehen lachen; ihm war das ein Zeichen, dass sie es überwunden hatte.

Dem Wald blieben beide treu. Gemeinsame Waldspaziergänge gab es aber immer seltener, weil es doch mühevoll war, hinaufzusteigen und wieder hinab. Lieber saßen sie auf einer Bank und blickten zu ihren Bäumen, die immer noch wuchsen und grünten. Mit dem Auto besuchten sie das Hermannsdenkmal und schauten von oben in ein grünes Land. Die Birken, die Gerd aus Tschuwaschien mitgebracht hatte, standen gut im Laub. An einem Sommertag brachten sie ein paar russische Birken in den Aschenfehner Birkenwald.

Er vergaß Aschenfehn, und was noch sonderbarer war: Er vergaß auch den Jungen. Als ihn jemand beim Bier fragte: Hast du Kinder?, antwortete er: Nein. Bist du verheiratet? Nein. Bist du Witwer? Nein.

Die Krähen schrei'n
Und ziehen schwirren Flugs zur Stadt:
Bald wird es schnei'n, –
Weh dem, der keine Heimat hat!
Friedrich Nietzsche

Abschied vom Jahrhundert

In einem Waldlokal, auf halbem Weg zwischen Lindas Heim und Gerds Wohnung, wollten sie das Jahrhundert verabschieden.

Wir wollen es begraben, sagte Linda, die die Hoffnung hatte, das neue könnte besser werden, als das alte gewesen war.

Weißt du noch, was sie in den achtziger Jahren verkündeten?, fragte er. Zu Beginn des neuen Jahrhunderts wird es keine Wälder mehr geben, sagten sie. Die Nordsee wird den Teutoburger Wald umspülen, sagten sie.

Wir haben genug getan, um das zu verhindern, antwortete Linda. Sie war immer noch traurig, weil es Menschen gab, die Wälder für unnütz und schädlich hielten. Sie mögen wogende Kornfelder, aber nicht wogende Baumwipfel, sagte sie.

Also, was wollen wir feiern, den Abschied vom alten oder den Beginn des neuen Jahrhunderts?, fragte Gerd.

Wir müssen auf das neue hoffen, meinte Linda. Das alte war schrecklich, da bleibt wenig zu feiern.

Aber es war unsere Zeit, antwortete Gerd. Wir haben uns kennengelernt. Das wäre doch Anlass genug, um zu feiern.

Vor dem Lokal dröhnten Böllerschüsse, abgefeuert von denen, die es eilig hatten, das neue Jahrhundert zu begrüßen. Der rote Wein zitterte in den Gläsern, das Kerzenlicht flackerte. Kurz vor Mitternacht kam die Bedienung und sagte, in fünf Minuten beginne das neue Jahrhundert. Ob sie es mit einem Glas Champagner begrüßen wollten?

Linda erklärte, sie wolle an ihrem kleinen Tisch sitzen bleiben und roten Wein trinken, mochte das Jahrhundert kommen oder gehen.

Sie warteten auf den Glockenschlag.

Wir haben zwei Weltkriege erlebt und mehrere Revolutionen, jeden Tag Mord und Totschlag, sagte Gerd, als die Mitternachtsuhr zu schlagen begann. Nun gehe ich auf die achtzig zu und habe das Gefühl, die Zeit kann mir nichts mehr antun. Ich habe sie überstanden.

Am schönsten war Kanada, meinte Linda. Wie friedlich die Wälder rauschten.

Wer kann schon von sich sagen, er habe die größten Waldgebiete der Erde besucht?, fragte Gerd.

Nach Kanada könnten wir wieder fahren, schlug Linda vor. Diesmal eine Reise von West nach Ost, der Sonne entgegen.

Ihr Gespräch musste verstummen, weil draußen der Mitternachtslärm begann. Ihnen blieb nur, Wein zu trinken und zu denken.

Gut, dass wir keine Kinder haben, die wir ins neue Jahrhundert mitnehmen müssen, dachte Linda. Gerd fiel der Junge ein, der in den kanadischen Wäldern untergegangen war. In Kanada hatte das neue Jahrhundert noch nicht begonnen, und in Tschuwaschien war es schon drei Stunden alt.

Vielleicht kommt dein Junge im neuen Jahr nach Aschenfehn, sagte Linda.

Ja, vielleicht.

Der Wirt trat an den Tisch und wünschte ein gutes Jahr.

Außer krank werden und sterben kann uns nichts mehr passieren, antwortete Gerd.

Darüber lachten alle drei, lag wohl am roten Wein.

Vom neuen Jahr waren zwei Stunden verbraucht, als sie das Lokal verließen. Draußen empfing sie große Stille, nur jenseits der Berge heulten ab und zu Leuchtraketen.

Es wird Frost geben, sagte der Wirt, als er hinter ihnen die Tür schloss.

Also ein frostiges Jahrhundert, bemerkte Linda.

Sie sahen keine Raketen am Himmel, sondern nur die ewigen Sterne. Linda suchte den Polarstern, der unverrückbar nach Norden zeigte und ihr den Weg weisen konnte. Gerd fuhr mit dem Großen Wagen spazieren.

Ob es auf den Sternen auch Wälder gibt?, fragte er.

Das hast du schon einmal gefragt, antwortete sie. Als wir in der kanadischen Prärie im Auto saßen und den Nachthimmel bewunderten.

Und was hast du geantwortet?

Unsere Wälder sind einmalig. Wir müssen alles tun, um sie zu erhalten.

Gehen wir zu dir oder zu mir?, fragte Gerd, als sie allein auf der Straße standen.

Sie wussten es nicht.

Vielleicht können wir im neuen Jahr Prag besuchen, bemerkte Linda. Da gibt es auch Wälder.

Inhalt

Impressum

Bibliografische Information der Deutschen Nationalbibliothek
Die Deutsche Nationalbibliothek verzeichnet diese Publikation in der Deutschen Nationalbibliografie; detaillierte bibliografische Daten sind im Internet über http://dnb.d-nb.de abrufbar.

ISBN 978-3-8319-0864-6

3. Auflage, Hamburg 2024

Titelfoto: Adobe Stock
Text: Arno Surminski, Hamburg
Lektorat: Dr. Werner Irro, Hamburg
Gestaltung: BrücknerAping Büro für Gestaltung, Bremen
Gesamtherstellung: Florjancic tisk printing house, Maribor / Slowenien

www.ellert-richter.de
www.facebook.com/EllertRichterVerlag
www.instagram.com/ellert_richter_verlag